Anonymous

Die soziale Frage

Ein Beitrag zur Lösung derselben vom Standpunkte der gesunden Vernunft

Anonymous

Die soziale Frage
Ein Beitrag zur Lösung derselben vom Standpunkte der gesunden Vernunft

ISBN/EAN: 9783743612402

Hergestellt in Europa, USA, Kanada, Australien, Japan

Cover: Foto ©Suzi / pixelio.de

Manufactured and distributed by brebook publishing software (www.brebook.com)

Anonymous

Die soziale Frage

Die sociale Frage.

Ein Beitrag zur Lösung derselben vom Standpunkte der gesunden Vernunft.

Von einem Oesterreicher.

Dresden und Leipzig.
Verlag von Carl Reißner.
1894.

Inhalt.

 |Seite
---|---
1. Einleitung | 1
2. Das Verhältniß zwischen Dienstgeber und Dienstnehmer | 3
3. Zur Arbeitseintheilung | 10
4. Der Classenunterschied | 18
5. Das Recht auf Arbeit und die Arbeitsversorgung | 24
6. Die Gewährleistung eines menschenwürdigen Daseins | 26
7. Die gegenwärtigen Wohlfahrtseinrichtungen | 32
8. Ueber die Art der Aufbringung der Mittel zur Durchführung aller Reformvorschläge | 36
9. Unsere Lebensverhältnisse | 37
10. Das Erziehungswesen | 49
11. Ueber die Ausbildung | 51
12. Religion und Charakter | 56
13. Ueber die Rechts- und Steuerverhältnisse | 61
14. Der Antisemitismus | 67
15. Die Prostitution | 72
16. Die Volksvertretung | 74
17. Schlußwort | 81

1. Einleitung.

Nicht als ein Kampf ums Dasein kann die heutige Arbeiterbewegung bezeichnet werden, sondern nur als ein Bestreben, unbekümmert um Gesetz und Recht durch die Wucht der irregeleiteten Massen den Wahnvorstellungen der Häupter der Socialdemokratie Geltung zu verschaffen.

Große Ereignisse werfen oftmals ihre Schatten voraus, das Gefühl der Unsicherheit und der uns durch die Arbeiterschaft drohenden Gefahr wächst mit jedem Tage. Der Ausfall der letzten Wahlen in Deutschland läßt fast mit Gewißheit darauf schließen, daß wenige Jahrzehnte genügen werden, um den Socialdemokraten eine unheilvolle Rolle in der Gesetzgebung zu verschaffen und den rollenden Stein zum Anpralle zu bringen. Und was Oesterreich anbelangt, so läßt sich hier das Verlangen nach dem allgemeinen Wahlrechte auf die Dauer nicht unterdrücken, auch nicht durch die Errichtung von Arbeiterkammern oder durch ein beschränktes Wahlrecht; ein Wahlrecht im Sinne der deutschen Gesetzgebung würde aber in Oesterreich Zustände herbeiführen, welche die bisherige Zerfahrenheit in den Vertretungskörpern als harmlos und bedeutungslos erscheinen ließen.

Wenn ich es unternehme, unter Beleuchtung der obwaltenden Verhältnisse mit Reformvorschlägen an die Oeffentlichkeit zu treten, so leiten mich dabei mannigfache Lebenserfahrungen, namentlich aber eine mehr arbeiterfreundliche Gesinnung, welche sich eigentlich auf alle jene Kreise erstreckt, deren materielle Lage es nicht gestattet, selbst bei den bescheidensten Ansprüchen ein zufriedenes Dasein und eine wahre Lebensfreude aufkommen zu lassen.

Um Mißdeutungen vorzubeugen, bedarf es der besonderen Betonung, daß die in den nachfolgenden Capiteln angeführten Beispiele, Erlebnisse und Wahrnehmungen in keiner Weise mit der Berufsentwicklung meiner eigenen Person zusammenhängen, sondern nur aus Beobachtungen, dem Verkehr mit fremden Personen, sowie aus Zeitungsnotizen herrühren. Ebenso ist es als ausgeschlossen zu betrachten, daß meine Darlegungen über Arbeiterversorgungen, Verwaltungs- und Steuerverhältnisse 2c. sich nur auf Oesterreich beziehen, wenn auch zugegeben werden muß, daß ich das Material zu meinen Erläuterungen während meines Aufenthaltes in Oesterreich gesammelt habe. Endlich muß ich noch hervorheben, daß mir der Gedanke vollständig fern liegt, durch meine Auseinandersetzungen etwa die bekannten Führer der Socialdemokratie eines Besseren belehren oder deren auf die Beglückung der Menschheit gerichtete Reformpläne einer Kritik unterziehen zu wollen; was mir um so ferner liegt, als revolutionäre Umsturzideen, die Beraubung des Eigenthums, die Aufhebung des Familienlebens und die materielle Gleichstellung aller Menschen ohne Rücksicht auf Leistungen, Fähigkeiten und Verdienste bei ruhiger Erwägung niemals als erörterungswürdig bezeichnet werden können.

Die Lösung der socialen Frage darf niemals davon abhängig gemacht werden, ob die bestehende Staatsform eine monarchische oder eine republikanische ist; sie muß eine friedliche und gerechte sein und den wirklichen Bedürfnissen entsprechen; zumal die internationale Durchführung der socialistischen Zukunftspläne auf Umgestaltung der Weltordnung undenkbar ist, wenn nicht die halbe Welt dabei zu Grunde gehen soll.

2. Das Verhältniß zwischen Dienstgeber und Dienstnehmer.

Wo sind die Zeiten, als es noch allgemein üblich war die Dienstboten, Gehülfen und Arbeiter gleichsam als zum Hausstande gehörig zu betrachten; wo die Dienstgeber sich um das Wohl und Wehe ihres Personals kümmerten; in Krankheitsfällen für eine entsprechende Pflege sorgten; den Erkrankten besuchten; ihm kräftige Nahrung zu Theil werden ließen; dessen Kinder in ihre Obhut nahmen und ein Interesse für die Erziehung und das Fortkommen derselben bekundeten! Diese Zeiten sind vorüber und werden nicht wiederkehren; wenn auch nicht geleugnet werden kann, daß heute noch vereinzelte Lichtblicke an jene patriarchalische Zeit erinnern.

Andererseits müssen wir fragen: Wo sind jene Arbeiter, welche nicht um der Entlohnung willen, die ja in älteren Zeiten eine geringe und klägliche zu nennen war, sondern aus Anhänglichkeit und Hingebung, aus Dienstestreue, Pflichtgefühl und Schaffensfreude und durchdrungen vom Rechtlichkeitsgefühl, unbekümmert um jede Zeiteintheilung, ihre Arbeiten so verrichteten, als ob nicht der Wohlstand ihres Brodherrn, sondern ihr eigenes Wohl davon abhinge. Ausgestorben ist diese Gattung von Dienstnehmern noch nicht, aber ihre Zahl ist verschwindend klein geworden; und fragen wir, ob die Wiederherstellung eines besseren Zustandes möglich ist, so können wir getrost mit Ja antworten, vorausgesetzt, daß sich tiefgreifende Wandlungen zwischen Dienstgeber und Dienstnehmer vollziehen, und der Classenunterschied durch die Berufsverschiedenheit und die ungleiche materielle Lage sich weniger fühlbar gestaltet.

Die Großindustrie und das Associationswesen namentlich haben eine Entfremdung zwischen Dienstgeber und Dienstnehmer herbeigeführt; dieselbe übertrug sich auf weitere Kreise, und auf diese Weise wurde die Socialdemokratie großgezogen und werden ihr heute immer weitere Kreise zugeführt.

Von einer Sorge für die wahren Bedürfnisse der mittellosen Classe seitens der Arbeitgeber kann im Allgemeinen nicht mehr gesprochen werden. Diese Lücke wurde ausgefüllt durch staatliche Institutionen, als Kranken-, Unfall- und Invalidenversicherung; es bekümmert sich aber Niemand darum, ob die individuelle Versorgung eine ausreichende ist oder nicht. Es wäre auch zu viel verlangt, wenn bei der massenhaften Zahl der Arbeiter der Großindustrien die Unternehmer oder Leiter sich um die Familienverhältnisse und also auch darum kümmern sollten, ob die gewährten Aushilfsleistungen den wirklichen Bedürfnissen entsprechen. Mancher industrielle Unternehmer oder Leiter kennt nicht einmal seine sämmtlichen Arbeiter.

Die Arbeitskräfte sind das Mittel zum Zweck; es verbittert sie, wenn sie mit dem üblichen Lohne abgefunden werden und an dem Gewinn des Unternehmens nicht participiren, sie haben aber auch meistens kein Herz dafür, wenn das Unternehmen zu Grunde geht. Der Wohlstand der bemittelteren Classen bringt Neid und Mißgunst hervor, und nur in minimaler Weise macht sich die Strebsamkeit bemerkbar, durch Fleiß, Diensteifer, Nebenbeschäftigungen und Sparsamkeit selbst zu einigem Wohlstand zu gelangen. Daher das Streben nach materieller Gleichstellung aller Menschen ohne Rücksicht auf die Berufsverschiedenheit.

Es stünde um vieles besser in der Welt, wenn es nicht einerseits so zahlreiche Arbeiter gäbe, welche ihrem Stande keine Ehre machen, die Arbeit nicht als eine selbstverständliche Lebensaufgabe, sondern als eine drückende Last oder als einen widerwärtigen Zwang betrachten, und wenn andererseits nicht so viele Arbeitgeber von Gewinnsucht, Gefühllosigkeit, Egoismus und dem Dünkel beherrscht wären, als ob es sich gleichsam von selbst verstände, daß ihnen eine bevorzugtere Lebensstellung gebühre, und daß der Arbeiter eine untergeordnete und nicht gleichwerthige Creatur sei, welche keine andere Behandlung als die eines mechanischen Hülfsmittels verdiene.

Durch die Arbeitsunlust, Zuchtlosigkeit und Verkommenheit der schlechten Arbeiter leidet auch der bessere Arbeiterstand, und zwar um so mehr, als die zweifelhaften Elemente bei Arbeiterbewegungen, bei Geltendmachung von Forderungen auf Verbesserung ihrer Lage, häufig in den Vordergrund zu treten pflegen. Diese Erscheinung ist um so beklagenswerther, als oft Anforderungen gestellt werden, welche selbst der vernünftige und einsichtsvolle Arbeiter nicht als berechtigt anzuerkennen vermag. Der letztere wird in der Parole: „Wenig arbeiten und viel verdienen" keine natürliche Logik finden, wohl aber in dem Grundsatze: „Viel arbeiten und viel verdienen", und dieser Standpunkt verdient gewiß allerseits eine gebührende Würdigung.

Thatsache ist ferner, daß der arbeitsscheue und unzuverlässige Arbeiter verhältnißmäßig besser bezahlt wird, als derjenige Arbeiter, welcher das Interesse seines Brodherrn nach jeder Richtung zu fördern bestrebt ist, der nicht nach der Zeit, sondern nach Maßgabe der Anforderungen thätig ist, zeitweilige besondere Anstrengungen nicht scheut, sich solchen vielmehr gern unterzieht, wenn die Nothwendigkeit es erheischt.

Findet der Arbeiter einerseits für die geleisteten Dienste eine wohlwollende Behandlung, Anerkennung durch freiwillige Lohnaufbesserung, Gratificationen, Weihnachtsgeschenke rc., ferner Rücksichtnahme auf besondere unverschuldete Umstände, z. B. insofern, daß ihm nicht für unvermeidliche kurze Arbeitsversäumnisse in Erkrankungs= oder Sterbefällen Lohnabzüge gemacht werden rc., so fehlt es andererseits nicht an Arbeitgebern, welche für dergleichen kein Verständniß haben; wirklich verdiente Lohnaufbesserungen niemals freiwillig oder aus Princip nicht gewähren, sondern dieselben mindestens so lange verweigern, bis sie den Abgang eines verdienstvollen Arbeiters zu gewärtigen haben; jede versäumte Stunde unnachsichtlich vom Lohne in Abzug bringen; Lohnvorschüsse rundweg abschlagen, unbekümmert darum, ob Schicksalsschläge die bitterste Noth in der Familie hervorgerufen haben; im Dienste ergraute Arbeiter ohne jede Unterstützung entlassen; überhaupt in ihrem ganzen Gebahren keine menschliche Regung, sondern solche Rücksichtslosigkeiten walten lassen, als ob das Dienstverhältniß eine Gnade für die Bediensteten wäre. Gar oft sind es in Reichthum schwelgende, mit Würden und Auszeichnungen ausgestattete und vom Größenwahn befallene Menschen, welche so verfahren; wie es ja leider Creaturen giebt, die nach oben liebenswürdig und kriechend, gegen ihresgleichen cordial und entgegenkommend und nach unten wegwerfend und tyrannisirend zu sein pflegen. Auch um solche Existenzen zur besseren Einsicht zu bringen, erweist sich die Lösung der socialen Frage als ein Bedürfniß, und diese Lösung kann nur darin bestehen, die obwaltenden Gegensätze zu mildern und auszugleichen; d. h. Nothleidende nach dem wirklichen Bedürfnisse zu unterstützen, Leistungen nach ihrem Werthe zu honoriren, in der Art des persönlichen Verkehrs nicht den Standesunterschied, sondern nur den Charakter gelten zu lassen und die Menschen als gleichwerthig anzuerkennen, wenn sie es nach ihrem Verhalten verdienen.

Heutzutage waltet die Ungerechtigkeit vor, daß man den untergeordneten, aber sonst braven Bediensteten, worunter nicht nur Arbeiter, sondern alle dienenden Berufsclassen zu verstehen sind, seine untergeordnete Lage fühlen läßt; dagegen den oft von Charakterlosigkeit eingenommenen, durch Protection und Glücksumstände zu hohen einflußreichen Stellungen oder zu Reichthum gelangten Individuen mit Unterwürfigkeit und Ehrerbietung begegnet. Heutzutage findet auch mancher sein Fortkommen besser, wenn er sich durch Schmeichelei und Lobhudelei beliebt zu machen versteht; während der von Gewissenhaftigkeit und Pflichteifer erfüllte Bedienstete, dem solche Mittel bei seinem besseren Charakter zuwider sind, gar oft die bittersten Enttäuschungen erlebt.

Charakterlos ist der Arbeiter zu nennen, bei dem sich Demuth, Bescheidenheit und Arbeitslust nur dann offenbaren, sobald er um Arbeit bittlich wird; während Unpünktlichkeit, Liederlichkeit, Streitsucht und Wühlereien ihn während seines Dienstverhältnisses kennzeichnen. Gewöhnlich stehen solche Individuen bei der Inscenirung von Arbeitseinstellungen im Vordergrunde. Die letzteren in ihrer bisherigen Art sind nichts anderes, als

ein durch nichts zu rechtfertigender Gewaltact und Vertrags=
bruch. Jede widerrechtliche Handlungsweise bringt einen un=
günstigen Eindruck hervor und reizt zur Gegenwehr und zur
Wahrung des Rechtsstandpunktes. Wenn daher die bisher
ausgeführten Streiks im Allgemeinen resultatlos und überdies
noch insofern zum Nachtheile der Arbeiter verlaufen sind, als
dieselben während der Dauer der Arbeitseinstellung keinen Lohn
empfingen, und wenn ferner Arbeitgeber und Behörden die
Anforderungen der Arbeiter mit allem Nachdruck verwarfen, so
ist dies sicherlich zum großen Theil auf die an Brutalität
grenzende und allen Rechtsbegriffen hohnsprechende Verletzung
des dienstlichen Uebereinkommens zurückzuführen.

Eine gemeinsame Kündigung und eine corporative Arbeits=
einstellung nach Ablauf der Kündigungsfrist, also ein correctes
und besonnenes Vorgehen zur Erreichung berechtigter Wünsche
wird Niemand abfällig beurtheilen können. Es ist jedoch
widersinnig, auf unerreichbaren und nicht allgemein durchführ=
baren Zugeständnissen zu bestehen, wozu auch das Verlangen
nach einer achtstündigen Arbeitszeit, bei gleicher Entlohnung wie
für 11 Stunden, zu zählen ist. Wo bliebe die Concurrenzfähig=
keit der Industrien, wenn für den gleichen Lohnsatz theilweise
11 Stunden, theilweise aber nur 8 Stunden gearbeitet werden
sollte? Alle der achtstündigen Arbeitszeit unterworfenen Industrien
müßten ja schließlich zu Grunde gehen. Doch darüber später.

Aus dem Vorangegangenen leuchtet hervor, daß, wie schon
erwähnt, zwischen Dienstgeber und Dienstnehmer eine Milde=
rung oder ein Ausgleich der Gegensätze bis zu einer gewissen
Grenze geboten erscheint. Für nichtswürdige Elemente der
Arbeiterschaft, welche ihren Dienst vernachlässigen, ihren Lohn
im Spiele vergeuden, dem Trunke ergeben sind 2c., kann die
Lösung nur in heilsamen Zwangsmaßnahmen, also z. B. in
der Unterbringung in staatlichen Arbeitshäusern bestehen; da=
gegen ist es Pflicht eines jeden Staates, die Selbsthülfe der
unbemittelten Classe, insoweit dieselbe sich in erlaubten und
anzuerkennenden Schranken bewegt, mit allen Mitteln zu unter=
stützen; so daß, wenn auch nur allmählig, das Princip zum

Durchbruche gelangt, nicht nur der wohlhabenden Classe, sondern allen Menschen zur Erstrebung einer befriedigenden Lebenslage die Wege zu ebnen.

Bei der Vielseitigkeit der Gegensätze läßt sich das Thema über alle Lebensfragen fast als unerschöpflich bezeichnen. Nicht nur der Arbeiterstand, sondern alle unter bescheidenen Verhältnissen lebenden Stände werden davon berührt. Es gilt also, für die obwaltenden Zustände das richtige Verständniß zu erwecken, woran es heute entschieden in allen Kreisen mangelt. Ist es trotz aller Würdigung der Verschiedenartigkeit der Lebensbedürfnisse nicht bezeichnend, wenn z. B. ein wohlsituirter Kaufherr heute seinen Freunden gegenüber äußert, er wisse es thatsächlich nicht anzufangen, wie er mit 2000 Fl. per Jahr sein Auskommen finden solle — wenn derselbe Herr am andern Morgen seinem verheiratheten Buchhalter klar macht, daß er ihm nicht mehr als 800 Fl. Gehalt bewilligen könne, oder einen um Lohnerhöhung bittstellig gewordenen Arbeiter darüber belehrt, wie er es eintheilen müsse, um mit einem Gulden per Tag sein Auskommen zu finden, und schließlich nachmittags in die Gemeindeausschußsitzung geht, um gegen die Erhöhung der Beamten- oder Lehrergehalte, oder gegen Zulagen für Polizeidiener und Nachtwächter zu stimmen, ohne auch nur im geringsten darüber nachzudenken, welche Ansprüche er selbst stellen würde, wenn er sich in der Lage des einen oder des andern befände?

Erscheint es ferner nicht bezeichnend, wenn ein vom Arbeiterstreik betroffener Großindustrieller in seinem Unmuthe über den Stillstand seines Unternehmens ausruft: „Man sollte die ganze Bande mit Pulver und Blei zusammenschießen" und alsdann auf die an ihn gerichtete Frage, wie er sich selbst verhalten würde, wenn er sich in der Lage der Arbeiter befände, die zögernde Antwort giebt: „Ja, das ist etwas anderes, darüber habe ich noch nicht nachgedacht, das müßte ich mir erst überlegen; ich glaube aber doch zugeben zu müssen, daß ich in diesem Falle wahrscheinlich ebenfalls socialdemokratischen Anschauungen huldigen würde".

Wie wird uns aber erst bei folgendem thatsächlich erlebten Vorfalle zu Muthe: Ein Arbeiter sammt Frau, in einer der theuersten Gegenden lebend, waren angeklagt, ihren beiläufig 7 Jahre alten Knaben betteln geschickt zu haben. Nach Stellung der Schuldfrage äußerte der Mann, er sei Stallknecht auf einem Meierhofe, habe eine kleine Stube, ein bestimmtes Deputat bestehend aus Getreide, Kartoffeln, Milch, und außerdem einen Verdienst von 20 Kreuzern per Tag, womit er Fleisch, Kleidung, Schuhe und alle sonstigen Lebensbedürfnisse bestreiten müsse. Sein Junge habe eines Morgens um ein Stück Brod gebeten, was er ihm jedoch nicht zu geben vermochte, zumal er nicht einen Kreuzer sein eigen nannte. Der Junge, vor Hunger weinend, habe selbst gemeint, vielleicht fände er eine mitleidige Seele im Dorfe, die ihm ein Stück Brod zukommen ließe, und sei, weil der Vater nicht widersprochen habe, davongelaufen. Der Knabe entschlug sich der Aussage gegen seine Eltern und es erfolgte deren Freisprechung wegen Mangel an Beweisen. Fragen wir uns aber, was in diesem Falle hätte geschehen sollen, so finden wir unter den heutigen Verhältnissen schwerlich eine andere Antwort, als die, daß der Knabe zur Aufrechterhaltung der staatlichen Ordnung hätte hungern sollen.

Wir fühlen uns nicht berufen, uns in die Lebenslage anderer hineinzudenken. Wenn es uns wohlergeht, so berücksichtigen wir nicht, daß nicht immer persönliche Verdienste, sondern oftmals oder zumeist die Obsorge unserer Vorfahren, also Zufall oder Glücksumstände, unsere bevorzugtere Lebensstellung begründeten und daß andererseits beschränktes Wissen und kärgliche Mittel vorwiegend auf das Gegentheil, also auf unverschuldete Umstände, zurückzuführen sind.

Wir finden den verschiedenartigen Entwickelungsgang mit seiner ungleichen materiellen Gestaltung natürlich, ohne zu bedenken, daß wir uns ebenfalls in einer mißlichen Lebenslage befinden könnten, wenn die Umstände anders gewaltet haben würden.

3. Zur Arbeitseintheilung.

Man sagt oft: Arbeit macht das Leben süß; das ist ein Wahrspruch, welcher eigentlich seine Berechtigung nur in dem Sinne hat, daß wir Freude darüber empfinden, wenn wir durch Fleiß unsere Schuldigkeit gethan haben, Anerkennung dafür finden oder dadurch unseren Wohlstand gefördert sehen. Arbeiten, welche aus Liebhaberei, also rein zum Vergnügen oder der Ehre wegen, ausgeübt werden, können hier nicht in Betracht kommen. Es wird nun Niemand behaupten können, daß die gleichförmige Berufsthätigkeit als solche besonderes Vergnügen gewähre; nur der Abschluß derselben und der Erfolg bringt ein Gefühl der Befriedigung hervor und spornt die Thatkraft zu neuen Leistungen an. Jedenfalls ist es Thatsache, daß Leistungen und materieller Erfolg nicht immer im Einklange stehen. Wenn ein Arbeiter, Beamter oder Comptoirist in 8 Stunden dieselbe Arbeit vollbringt, wozu ein anderer 11 Stunden braucht, so ist damit noch nicht gesagt, daß im ersteren Falle die Entlohnung verhältnißmäßig höher oder im letzteren Falle verhältnißmäßig niedriger ist. Wenn sich der Chef eines Geschäftshauses vor Vergnügen die Hände reibt, weil das Geschäft blüht, ein bedeutender Gewinn in Aussicht steht und das ganze Personal fieberhaft thätig sein muß, um den geschäftlichen Anforderungen Genüge zu leisten; so folgt daraus noch nicht, daß die Wirksamkeit des Personals eine gebührende Entlohnung findet; vielmehr hat es sich gleichsam zur Gepflogenheit gestaltet, daß die Besoldung der Mitarbeiter nicht nach Verdienst, sondern nach einer ortsüblich zu nennenden Norm, in den seltensten Fällen aber nach Maßgabe des erzielten Gewinnes erfolgt. Gegen die Nichtwürdigung der Arbeitsleistungen nach Maßgabe des Erträgnisses derselben lassen sich keine gebieterischen Maßnahmen ergreifen, nachdem das Dienstverhältniß auf Grund eines gegenseitigen Uebereinkommens, also unter beiderseitig anerkanntem Einvernehmen geschlossen wurde. Jeder muß sich des Werthes seiner Leistungen bewußt sein, darauf seine Ansprüche gründen und, im Falle dieselben nicht nach Gebühr gewürdigt werden sollten, andere Ziele verfolgen. Der individuelle Thätigkeitserfolg kann von unbetheiligter Seite nicht durch Zwangsmittel beeinflußt werden, weil Bedarf und Angebot, Verwendbarkeit, Fleiß und das sonstige Verhalten die Werthmesser der Arbeitskraft bilden und hierüber keine behördliche Instanz entscheiden kann.

Gleichwie nun eine entsprechende Anerkennung und Honorirung für die aufgewendete Thätigkeit Befriedigung, Arbeitslust und Strebsamkeit im Gefolge zu haben pflegen, so tritt Enttäuschung, Unzufriedenheit, Muthlosigkeit und Groll über die Verhältnisse ein, wenn die Leistungen nicht nach Gebühr gewürdigt werden. Nichts anderes als diese Thatsache führte zu der vielleicht von arbeitsscheuen Elementen ausgegangenen Bestrebung nach Einführung einer achtstündigen Arbeitszeit. Eine gewisse Berechtigung kann übrigens diesem Verlangen nicht abgesprochen werden; denn die Anschauung, daß der Mensch nicht nur zum Arbeiten, sondern auch dazu auf der Welt ist, um deren Herrlichkeiten und Annehmlichkeiten in seiner Erholungszeit zu genießen, ist nicht zu verwerfen; zumal dieselbe in bemittelteren Kreisen durch die Eintheilung der Lebensweise bereits fast allgemein practische Anwendung findet, ebenso auch theilweise in Beamtenkreisen durch die Fixirung der Bureaustunden.

Wenn Bebel schreibt: „Große Versammlungslokalitäten für Vorträge, Disputationen zur Besprechung aller gesellschaftlichen Angelegenheiten, Spiel- und Turnplätze, Parks und Promenaden, öffentliche Bäder, Bildungs- und Erziehungsanstalten aller Art, Laboratorien u. s. w., alles dies aufs bestmöglichste ausgestattet und hergerichtet, werden jeder Art von Unterhaltung, Kunst und Wissenschaft die reichlichste Gelegenheit bieten, das Höchste zu leisten," so liegt in diesen gegenwärtig ideal erscheinenden Anschauungen zweifelsohne ein Zukunftsbild, welches keineswegs als ein socialdemokratisches Phantasiegebilde, sondern als eine zu verwirklichende humane Idee bezeichnet werden kann. Vor der Hand ist die Menschheit nur noch lange

nicht reif genug für eine solche culturelle Gestaltung der Lebens=
verhältnisse. Derartige Unterhaltungen, Zerstreuungen, Ausflüge,
womit die gebildete und besser gestellte Classe die freie Zeit
vielfach auszufüllen pflegt, sind heutzutage den unteren Ständen
theilweise nicht zugänglich, theilweise sind dieselben auch nicht
dafür empfänglich; ebensowenig ist anzunehmen, daß die freie
Zeit zu nützlichen häuslichen Nebenbeschäftigungen angewendet
werden würde, so lange der Sinn dafür nicht geweckt worden ist
und derselbe nicht feste Wurzel gefaßt hat. Heutzutage erblicken,
wenn auch nicht überall, so doch in vielen Gegenden, die unteren
Volksschichten die Annehmlichkeiten und Freuden des Lebens
zumeist im Wirthshausleben, in Tanzunterhaltungen und dem
durch letztere gebotenen intimeren Umgang der beiden Geschlechter.
Bei diesen Zuständen würde die achtstündige Arbeitszeit nur
die Consequenz im Gefolge haben, daß die Wirthshäuser und
Schnapshöhlen bessere Geschäfte machen und die Sittlichkeits=
verhältnisse noch mehr untergraben werden würden. Für eine
Lebensauffassung im Sinne Bebels müssen die unteren Stände
erst erzogen und herangebildet werden; das ist aber nicht mit
einem Schlage zu erreichen, sondern nur allmählig von Ge=
schlecht zu Geschlecht. Fangen wir mit der heutigen Jugend
an, so wird man mit der nächsten Generation schon leichteres
Spiel haben, weil sich alsdann sicherlich ein wohlthätiger Um=
schwung in der Erziehung seitens der Eltern durch die selbst
empfangenen Lehren bemerkbar machen wird.

Die gesetzliche Feststellung der Arbeitszeit, ja selbst die Be=
schränkung derselben auf 11 Stunden hat weitere nicht hinweg=
zuleugnende Schattenseiten. Es hängt doch gewiß von den
Bedürfnissen ab, wie lange der Mensch thätig sein muß; anderer=
seits ist es dem strebsamen Arbeiter nicht zu verargen, länger
zu arbeiten, wenn er Lust und Gelegenheit dazu hat, um auf
diese Weise zu Ersparnissen zu gelangen. Wie kann man nun
jene Bediensteten, welche eine zahlreiche Familie zu versorgen
und mit Entbehrungen zu kämpfen haben, zu einer Arbeits=
einschränkung zwingen, ohne daß man ihnen die Mittel an die
Hand giebt, wie sie sich bei unzureichendem Verdienst den

Lebensunterhalt beschaffen sollen? Es ist sogar vorgekommen, daß Fabriksarbeiter ihren Chef um eine 2—3 stündige Verlängerung der Arbeitszeit ersuchten, als die Production sich als unzureichend für den Bedarf erwies, daß die Behörde die zeitweilige Betriebsausdehnung aus gesetzlichen Gründen nicht genehmigte und dem Fabrikanten also nichts anderes übrig blieb, als mehr Personal aufzunehmen und doppelte Schichten einzuführen. Zum mindesten sollte ein Unterschied zwischen Sommer und Winter gemacht werden und zwar unter Berücksichtigung des Umstandes, daß der Arbeiter im Sommer die freie Natur genießen kann, an den langen Winterabenden jedoch oft nicht weiß, wie er die freie Zeit ausnützen soll.

Vom Standpunkte der Humanität und um die Arbeiter vor ungebührlichen Arbeitsanforderungen zu schützen, erscheint die gesetzliche Regelung der Arbeitszeit in dem Sinne ganz gerechtfertigt, daß Niemand gezwungen werden darf, länger als 11 Stunden zu arbeiten, daß also auch die normalmäßige Arbeitsdauer in den Unternehmungen 11 Stunden nicht überschreiten darf, und zu Mehrleistungen nur jene Arbeiter verwendet werden dürfen, welche sich freiwillig dazu erbieten.

Eine gebührende und wohlwollende Beherzigung verdienen auch die nachfolgenden Zeilen:

Der Inhaber oder Leiter eines größeren Unternehmens, welcher früh zwischen 8 und 10 Uhr seine Thätigkeit zu beginnen pflegt, sich Nachmittag nach eingenommener Mahlzeit die verdiente Ruhepause gönnt, alsdann wieder ein paar Stunden seine Berufsthätigkeit entfaltet, wenn er nicht durch Einladungen, eine öffentlichen Angelegenheiten dienende Sitzung oder durch Familienverhältnisse davon abgehalten wird, fühlt im Laufe des Sommers das begreifliche Bedürfniß nach einer Badecur oder Sommerfrische, um sich nach der aufreibenden Wirksamkeit zu erholen und neue Kräfte zu sammeln. Dasselbe Bedürfniß macht sich auch bei einzelnen des ihm unterstehenden Personals in besseren Stellungen, also z. B. bei technischen oder Bureaubeamten geltend, welche tagtäglich mit dem Glockenschlage ihren Dienst antreten bis zu einer bestimmten Stunde des Abends ausharren und zeitweilig nach den dienstlichen Anforderungen sogar über die übliche Zeit angestrengt thätig sein müssen. Der erbetene Urlaub wird als eine großmüthige Begünstigung mit einigem Widerstreben in beschränkter Weise und unter der Voraussetzung bewilligt, daß die etwa dadurch versäumten Arbeiten nachgeholt werden müssen. Der Kanzleigehülfe, Werkführer, Aufseher, Vorarbeiter 2c. würde eine nicht übliche Zumuthung darin erblicken, wenn er es wagen sollte, um einen Erholungsurlaub anzusuchen; wenn es aber geschähe, so würde sicherlich in den meisten Fällen die Antwort erfolgen: „Aber Mensch, Sie sind ja ganz gesund! Brauchen Sie Ihr Geld nicht nothwendiger zu anderen Bedürfnissen, oder können Sie sich solches nicht ersparen? Das ist ja ein unerhörtes, unbilliges Ansinnen; wer soll denn während Ihrer Abwesenheit Ihre Arbeiten verrichten" u. s. w. Getraute sich aber gar ein Arbeiter, welcher die Hälfte seines Lebens und häufig darüber hinaus seinen dienstlichen Verpflichtungen obliegen muß, und zwar oft in wirklich aufreibender Weise oder in gesundheitsnachtheiligen Räumen, einen derartigen Wunsch laut werden zu lassen, nun, so hörte gewiß alles auf, und man würde wahrscheinlich fragen, ob der Mann den Verstand verloren habe; sicherlich aber würde es kaum einem Arbeitgeber einfallen, den Betreffenden für die Zeit seiner Abwesenheit, und wenn es nur acht Tage wären, zu entlohnen.

Vergegenwärtigen wir uns nun den wohlthätigen Einfluß der Ferien für Lehrer und Kinder, werden wir uns bewußt, welch ein Hochgenuß darin lag, wenn wir selbst, für kurze Zeit aller Berufssorgen ledig, frei aufathmen, die Natur genießen, Bäder und Gebirge aufsuchen oder unser Interesse den Sehenswürdigkeiten großer Städte zuwenden konnten; denken wir uns alsdann in die Lage aller Bediensteten, namentlich derjenigen im mittleren oder reiferen Lebensalter hinein, welche schwerlich oder niemals zu einer Selbstständigkeit gelangen können, Jahr aus Jahr ein mit gewissenhafter treuer Hingebung eine vorgeschriebene bestimmte Zeit gegen Jahres-, Monats- oder Wochenverdienst ihren Berufspflichten nachzukommen haben;

fragen wir uns schließlich, ob nicht allen Menschen, welche ihre Lebensaufgabe erfüllen, eine Erholungspause oder sagen wir lieber eine erfreuliche Abwechselung in der Gleichförmigkeit der Lebensweise zu gönnen sei: so kann die Antwort bei billig denkenden Menschen nur in bejahendem Sinne ausfallen.

Natürlich wird es bei einer gewissen Kategorie von Arbeitgebern heißen: Wieder einmal einer, der sich bei der dienenden Classe beliebt zu machen sucht. Das kann aber den Verfasser nicht abhalten, seine Stimme dafür zu erheben, daß unter Abschaffung sämmtlicher überflüssiger Feiertage mittels gesetzlicher Bestimmungen jedem Bediensteten ohne Classenunterschied, welcher keinen accordmäßigen, sondern einen für die Zeit bemessenen Verdienst hat, alljährlich ohne Kürzung seines Einkommens ein 14 tägiger Urlaub bewilligt werden sollte, und daß demjenigen, welcher von dieser Begünstigung keinen Gebrauch machen will oder es nicht kann, weil seine Person nicht zu entbehren und nicht zu ersetzen ist, eine dem Verdienste mindestens gleichkommende Entschädigung zu vergüten wäre. Ob nun ein Theil der Gewerbsunternehmer einen 14 tägigen Stillstand einzuführen, andere wieder dafür zu sorgen haben, daß den Bediensteten vom Beginn bis zu Ende des Sommers der Urlaub abwechselnd gewährt wird; ob bei nicht gut entbehrlichen Arbeitern eine Stellvertretung zulässig ist, welche Beschränkungen bei Bediensteten Platz zu greifen haben, deren Eintritt erst im Laufe des betreffenden Jahres erfolgte oder welche sich grober Pflichtverletzungen schuldig gemacht haben — das sind alles Detailfragen, welche erst bei einer gesetzlichen Regelung im Sinne dieser Darlegungen der eingehenden Erwägung bedürfen und hier nicht erörtert zu werden brauchen. Zweifellos ist, daß eine solche Organisation von wohlthuender und belebender Wirkung sein würde.

Daß die gegenwärtige Gestaltung der Arbeitszeit oder der Dienststunden auch in anderer Beziehung nicht alle berechtigten Ansprüche befriedigen kann, ist nicht zu verkennen. Für einen Familienvater ist die Mittagspause von einer Stunde so knapp bemessen, daß derselbe bei einer größeren Entfernung seiner

Wohnung von der Arbeitsstätte kaum Zeit findet, sein Mittags=
mahl mit Muße zu verzehren. Von einer angemessenen und
angenehmen Ruhepause — um sich der Familie widmen zu
können — kann also keine Rede sein. Leider muß man es
aber unter den heutigen Verhältnissen als ausgeschlossen betrach=
ten, durch Verlängerung der Mittagspause zu Gunsten der ver=
heiratheten Arbeiter eine Reform herbeizuführen, weil die Gefahr
nahe liegt, daß dieselbe für den unverheiratheten Arbeiter ver=
derblich wirken würde, indem derselbe die Zeit nicht nützlich,
sondern zu seinem Nachtheile anwenden würde.

Ist es nun auch nicht rathsam, nach dieser Richtung gegen=
wärtig ein Zugeständniß zu machen, so verdient doch eine andere
Thatsache, welche nur in geringem Maße den Arbeiterstand,
dagegen zumeist die zu bestimmten Dienststunden verhaltenen
Angestellten vom Kanzleifache betrifft, eine kurze Erwähnung.
In allen Berufsverhältnissen kommen Zeiten vor, wo angestrengt
und mit Ueberschreitung der üblichen Dienststunden gearbeitet
werden muß. Es fehlt aber auch nicht an Perioden, wo das
Gegentheil der Fall ist. Liegt nun nicht eine unbegreifliche Zu=
muthung darin, daß Angestellte, welche ihren dienstlichen Ver=
pflichtungen genügt, nicht dem Verkehr mit dem Publikum zu
dienen und für den betreffenden Tag keine Beschäftigung mehr
zu erwarten haben, deutsch gesagt „Maulaffen feil halten"
müssen, um den Glockenschlag der Feierabendstunde abzuwarten?
Es sollte daher in allen Fällen, wo die Bewältigung des
Arbeitsstoffes — natürlich in correcter und befriedigender Weise
— in Betracht kommt, eine Wandlung nach der Richtung ge=
schaffen werden, daß für die Arbeitszeit der Arbeitsstoff maß=
gebend ist, besonders in jenen Fällen, wo zeitweilig durch
Mehrleistungen eine Ueberschreitung der üblichen Dienststunden
vorzukommen pflegt. Tausende würden dadurch beglückt und
zeitweiligen abnormen Leistungsanforderungen freudiger gerecht
werden, wenn ihnen bei mangelndem Arbeitsstoff die überflüssige
Zeit geschenkt würde.

Schließlich sei noch für alle ungestümen und radicalen
Elemente der Socialdemokratie, welche sich einbilden, alle

Reformen im kurzen Wege oder mit Gewalt durchsetzen zu können, darauf hingewiesen, daß ein allmähliger Ausgleich in der Bewerthung der körperlichen und der geistigen Arbeit — hervorragende Leistungen ausgenommen — nicht ausbleiben kann, und daß derselbe sich um so rascher vollzieht, je mehr die Intelligenz der unteren Volksschichten gehoben wird. Vergleicht man die vor 30—40 Jahren bestandenen Lohnverhältnisse mit den heutigen, so sind die ersteren, aber nicht die letzteren als Hungerlöhne zu bezeichnen. Heutzutage ist mancher geschickte Arbeiter weit besser besoldet, als Beamte, Lehrer, Commis u. s. w. deren Ausbildung mit wesentlich höheren Kosten verbunden war. Noch vor 30 Jahren mußten Fabriksarbeiter, Bauarbeiter, Handwerksgehilfen u. s. w. vielfach von früh 6 bis Abends 8 Uhr thätig sein. Sonach ist auch in der Abkürzung der Arbeitsdauer ein Fortschritt zu verzeichnen, der sich allerdings in seinen Folgen als illusorisch erwiesen hat, weil die meisten Arbeiter es nicht verstanden haben, die freie Zeit nützlich anzuwenden, sondern nur die Lebensweise sich geändert hat und die Bedürfnisse gestiegen sind. Allerdings muß zugestanden werden, daß es versäumt wurde, den Arbeitern zu einer ihnen dienlichen Ausfüllung der freien Zeit genügend Gelegenheit zu bieten.

In dieser Beziehung sind große Unterlassungssünden zu verzeichnen. Für das Fortbildungswesen der jugendlichen Arbeiter ist bis heute nur in beschränkter Weise gesorgt worden.

Jeder der körperlichen Arbeit unterworfenen Person sollte Gelegenheit geboten sein, sich durch den Besuch von Abendschulen geistig und sachgemäß weiter auszubilden. Vorträge über auch für den Arbeiterstand wissenswerthe Neuheiten, über nützliche Nebenbeschäftigungen, Erziehungswesen, vaterländische Geschichte u. s. w. sollten gehalten oder darüber leicht faßliche Schriften vertheilt werden. Auch die allgemeine Einführung von Volksbibliotheken, Turn-, Schwimm- und Badeanstalten, Lesekalitäten, überhaupt alles, was von angenehmer, wohlthuender und zerstreuender Wirkung ist, erscheint nicht nur empfehlenswerth, sondern geboten, wenn wir die ernstliche Absicht haben, den zu Tage tretenden Verirrungen des Arbeiterstandes wirksam zu begegnen.

4. Der Classenunterschied.

Alle Menschen sind beim Beginn ihrer irdischen Laufbahn gleichgestaltete hülflose Wesen, und wenn die Socialdemokraten den Standpunkt vertreten, daß die Entwickelung unter gleichen Rechten erfolgen, Niemand bevorzugt, Niemand für das Mißgeschick seiner Vorfahren leiden oder für die Sünden derselben büßen soll, so ist dieses eine Anschauung, welche keineswegs als einfältig und sinnlos bezeichnet werden kann, sondern bis zu einer gewissen Grenze verwirklichungsfähig ist.

Bei der gegenwärtigen Weltordnung ist der krankhafte Zustand vorherrschend, daß das Wohl und Wehe der heranwachsenden Jugend zumeist von dem Willen, der Sorgsamkeit und den Mitteln der Eltern abhängt; für die Kinder wohlhabender Eltern wird alles Erdenkliche aufgeboten, sie werden häufig verwöhnt, verzogen, lernen überflüssige Bedürfnisse bis zur Ungenügsamkeit kennen und wachsen in dem Bewußtsein heran, als ob sich das Alles von selbst verstünde — anstatt sich ihrer bevorzugteren Lebenslage bewußt zu werden, dankbar dafür zu sein und für die minder beglückten Altersgenossen ein Mitgefühl zu empfinden.

Brave, minder bemittelte Eltern setzen oft unter vielfachen Entbehrungen alles daran, um ihren Kindern durch eine höhere Ausbildung eine bessere Lebenslage zu verschaffen, als wie sie ihnen selbst geboten war. Es kommt in solchen Fällen zumeist auf die Charakteranlagen der Kinder an: ob dieselben für das edle fürsorgliche Bestreben der Eltern das richtige Gefühl empfinden, sich eigenen Einschränkungen und Entbehrungen auch dann willig unterwerfen, wenn sie von ihren Alters- und Studiengenossen als nicht gleichwerthig angesehen werden, und ob das Bestreben Wurzel faßt, durch die Früchte der Ausbildung die Aufopferung der Eltern zu belohnen. An Enttäuschungen mangelt es in dieser Beziehung nicht. Die Erkenntniß, daß den bescheidenen Verhältnissen Rechnung getragen werden muß, bricht sich nicht immer Bahn, und um dieselben zu verdecken, läßt sich mancher junge Mann gegen sein inneres Gefühl zu Unbesonnenheiten verleiten, er verliert den inneren Halt, seine Ungehörigkeiten verschweigt er den Eltern, um sie nicht zu kränken, und wenn sie zum Vorschein kommen, sind häufig alle Hoffnungen vernichtet. Es war also in solchen Fällen thöricht, eine Ueberbrückung vom niederen zum höheren Stande anzubahnen. Gelingt sie und ist das Ziel segensreich, so wird die materielle Bethätigung des Dankes wohl nicht ausbleiben; ob aber der Emporkömmling seinen Eltern mit dem Herzen noch so nahe steht wie früher, ob er sich ihrer, seiner Geschwister und sonstiger Anverwandten nicht gar schämt, das ist eine andere Frage. Der Standesunterschied macht sich geltend, der Sohn steht höher da, als die wackeren Eltern, die ihm unter Kummer und Sorgen zu der erreichten Stufe die Wege geebnet haben.

Steigen wir hinab zu den unteren Volksschichten. Wir finden darunter viele anständige brave Menschen, die in ihren beschränkten Verhältnissen glücklich sind und durch ihre Lebensauffassung und ihr Verhalten den besten Eindruck machen, so daß wir ihnen Achtung zollen müssen. Wir finden aber auch entsetzlich verkommene und verwahrloste Creaturen, für welche wir nur Verachtung und Abscheu empfinden können, und von denen wir uns in dem Gedanken abwenden: Herr Gott, ich danke Dir, daß Du mich in dieser Gesellschaft nicht hast aufwachsen lassen! Die Kinder solcher Leute wachsen in einer Versumpfung heran, ihr Schicksal ist in der Regel das gleiche der Eltern, und sie finden dieses nach ihren Begriffen vollkommen natürlich.

Der Leser wird fragen, ob denn bei solchen Ungleichheiten der Classenunterschied nicht gerechtfertigt und das Verlangen der Socialdemokratie nach Gleichstellung aller Menschen nicht ein Unsinn ist? Darauf wird jeder vernünftige Mensch mit Ja antworten. Jeder muß aber auch bei tieferem Nachdenken zugeben, daß nichts anderes als die Erziehung und die daraus resultirende Charakterverschiedenheit den Classenunterschied in seiner heutigen berechtigten Gestalt begründet.

Thöricht ist die Einbildung, daß der natürliche Classen=unterschied durch die materielle Lage bedingt ist; das ist nur insofern zutreffend, als bemitteltere Eltern ihren Kindern eine bessere Erziehung und Ausbildung angedeihen lassen können; aus dem reicheren Wissen folgt aber noch nicht, daß solche Menschen auch bessere Menschen sind.

Jedes Kind, ob von reichen oder armen Eltern abstammend, findet seine Lebenslage natürlich. Bei halbwegs hervortretender Elternliebe wird kein Kind den Wunsch nach Trennung von den Eltern zu erkennen geben, sondern denselben mit treuer Liebe anhängen und in dem Zusammenleben ein unlösbares Band erblicken. Die Kinder unbemittelter Leute finden sich durch die ihnen gewährten kleinen Freuden oft mehr beglückt, als die Kinder wohlhabender Eltern durch das ihnen zu viel Gebotene. Es bekundet wenig Zartgefühl, wenn Kindern aus bescheidenen oder ärmlichen Verhältnissen zur Weihnachts=zeit die in wohlhabenderen Familien bescherten Geschenke ge=zeigt und so dargestellt werden, als ob sich die Kinder solche durch ihr braves Verhalten verdient hätten. Dadurch wird Unzufriedenheit und Neid geweckt, und schon frühzeitig faßt die Erkenntniß Wurzel, daß der eine Mensch mehr gilt, als der andere. In der Regel tritt diese Erkenntniß erst dann schärfer hervor, wenn der zu einer besseren Ausbildung be=rufene Jüngling seinen früheren Schul= und Spielkameraden aus einfachen Verhältnissen aus dem Wege geht und ihnen zu erkennen giebt, daß sie seiner nicht mehr würdig sind, oder wenn die hochnasige Frau Mama ihrer der Schule entwachsenen Tochter klar macht, daß sie den Verkehr mit ihrer sonst braven Jugendfreundin aus bürgerlichen Verhältnissen aufgeben müsse, weil sie jetzt standesgemäß auftreten und sich in besseren Kreisen bewegen müsse. Darin liegt kein natürlicher Classenunterschied, denn wiederum kann nur die Erziehung dafür verantwortlich gemacht werden, wenn Selbstüberhebung, Einbildung und

Dünkel eine so traurige Rolle spielen, daß die Gleichwerthigkeit schon dann nicht mehr anerkannt wird, sobald nach zurückgelegtem Kindesalter die Wege sich trennen. Ist es denn ein Wunder, daß die auf solche und andere Weise zurückgesetzten Kreise sich gekränkt fühlen, Groll über den Classendünkel empfinden und den davon beherrschten Ständen feindlich gegenüberstehen? Ist es nicht ein arger Fehler der letzteren, Arbeiter, Dienstboten, Kutscher, Kellner, niedere Angestellte u. s. w. deshalb geringschätzig zu behandeln und dieselben wegen jeder Kleinigkeit barsch anzufahren, weil sie sich in einer abhängigen oder untergeordneten Lage befinden? Gewiß giebt es heutzutage genug Elemente, welche keine andere Behandlung verdienen; es fehlt aber auch nicht an gebildeten Personen, welche alles über einen Kamm scheeren und nicht darnach fragen, ob der Betreffende ein Lump oder ein ehrenwerther Mensch ist. Der Mangel an Leutseligkeit den niederen Ständen gegenüber, welche nach ihrem Verhalten eine humane Behandlung verdienen, kann nicht genug verurtheilt werden. Diese nicht zu rechtfertigende Art abstoßenden Benehmens ist auszurotten. Wir müssen uns bewußt werden, daß nicht Wissen, Reichthum oder die Lebensstellung dazu berechtigen, auf andere im Charakter gleichwerthige Menschen von oben herabzublicken. Selbstverständlich darf diese Rücksicht nicht so weit gehen, daß auf der andern Seite das Pflichtbewußtsein, Höflichkeit, Zuvorkommenheit, Respect und Gehorsam darunter leiden.

Die heutigen Zustände verdienen noch weiter beleuchtet zu werden. Ist es nicht eine krankhafte Erscheinung, daß sich Jemand aus den unteren Ständen in besserer Gesellschaft bewegen darf, weil ihm ein Haupttreffer oder eine große Erbschaft zugefallen ist und er äußerlich vornehmer aufzutreten vermag? Liegt im Fall einer Lebensrettung mit eigener Gefahr eine Gerechtigkeit darin, wenn Lebensrettern höheren Standes glänzendere Auszeichnungen zu Theil werden, als solchen niederen Standes, wo die That dieselbe ist und im Falle des Mißlingens und bei Einbuße des eigenen Lebens häufig einerseits das materielle Wohl der Hinterbliebenen nicht gefährdet erscheint, während andererseits der Verlust des Ernährers der Familie zu beklagen ist? Verdient nicht jede edle hochherzige That nach ihrem Werthe eine gleichartige Würdigung?

Aehnliche Beweise für die den heutigen Classenunterschied kennzeichnenden unangemessenen Vorgänge lassen sich noch unzählige anführen; es giebt unten wie oben zu reinigen, in der Hauptsache kann aber die Wirkung nur von einer angemessenen Erziehung abhängen.

Wenn die Häupter der Socialdemokratie sich ihren Zukunftsstaat bezüglich der Gleichstellung aller Menschen so vorstellen, daß Gebildete und Ungebildete ohne Unterschied der Berufsclassen in aller Freundschaft mit einander verkehren werden, so ist dieses ein Phantasiegebilde, welches ideal und schön genannt werden kann, aber unerreichbar ist. Für das traulichere gesellschaftliche Verhältniß werden stets die Geistesanlagen, die gleiche Gesinnung, der Beruf und das Alter maßgebend sein, und nicht nur das persönliche Wohlverhalten. Darin liegt aber kein unnatürlicher Classenunterschied. Ebenso wie ein junger Mann sich unter alten Herren nicht wohl fühlt, ebenso würde es einem gewöhnlichen Arbeiter nicht behagen, wenn er sich mit hochgebildeten Personen über Sachen unterhalten sollte, die er nicht versteht. Jeder befindet sich im gleichen Bildungskreise am wohlsten.

Reorganisationen im großen Style, deren Wirkung nicht von angeordneten Zwangsmitteln, sondern von einzubürgernden Gepflogenheiten abhängt, sind leichter durchführbar, als solche Umgestaltungen, durch welche althergebrachte Vorrechte verletzt werden. Läßt es sich nun nicht vermeiden, auch die in dieser Beziehung vorwaltenden, die Gleichstellung beeinträchtigenden Zustände hervorzuheben, so wäre es doch kaum wohlgethan, schon jetzt die Axt daran zu legen; zumal wiederum das Erziehungssystem und die staatliche Organisation wesentlich dazu beitragen können, den heute thatsächlich bestehenden Classenunterschied in einem solchen Lichte erscheinen zu lassen, daß derselbe keine fühlbaren Vorrechte in sich schließt.

Es betrifft dieses die Vererbung der auf die Verdienste und Errungenschaften der Vorfahren zurückzuführenden Vorrechte der Aristokratie.

Gegen die Vererbung von Hab und Gut an Rechtsnach=
folger läßt sich vom Standpunkte des persönlichen Rechtes kaum
etwas einwenden. Wir haben das Bild vor Augen, daß Eltern
und sonstige Anverwandte ihre Strebsamkeit oft nur zum Wohle
ihrer erbberechtigten Angehörigen fortsetzen, oder daß letzteren
schon zu Lebzeiten Versorgungsmittel zugewendet werden. Was
aber mit den natürlichen Rechtsbegriffen nicht im Einklange
steht, das ist die Vererbung von Titeln, Würden, Auszeich=
nungen, Fideicommißrechten u. s. w. Wie Jemand als Freiherr,
Baron, Graf oder mit dem Adel oder Privilegien ausgestattet
auf die Welt kommen kann, das ist absolut unvereinbar mit
der jetzigen modernen Weltanschauung, weil keine Begründung
dafür vorhanden ist, daß persönliche Verdienste der Vorfahren
auch der Nachkommenschaft gebühren, so lange Titel und Gerecht=
same eine Bevorzugung bedeuten. Kommt das letztere einmal
in Wegfall, werden die künftigen Geschlechter belehrt, daß Titu=
laturen oder die Uebertragung der Namensauszeichnungen keine
Bevorzugungen, also auch keinen Standesunterschied in sich
schließen, so werden bei uns hochadelige Personen bald so viel
gelten, wie z. B. in Amerika oder wie ein Herr van so und so
in Holland. Ueberlassen wir es daher getrost den nachfolgen=
den Geschlechtern, in dieser Beziehung Wandel zu schaffen.

Liegt angesichts der Vertheidigung solcher Grundsätze auch
die Frage nahe, wie es bezüglich der Vererbung der bisherigen
Kronrechte gehalten werden soll, und läßt sich nicht leugnen,
daß schon deshalb die gegenwärtigen Erbfolgerechte nicht mehr
als zeitgemäß anzuerkennen sind, weil dieselben keine Gewähr
dafür bieten, daß die Geschicke eines Landes sich in bewährten,
für die Volkswohlfahrt geeigneten Händen befinden, so muß es
doch jedem friedliebenden Staatsbürger einleuchten, daß eine
Bekämpfung dieser bisherigen Rechte zu unheilvollen Verwick=
lungen führen würde, deren Tragweite gar nicht abzusehen
wäre; zumal vielfach der größte Theil der Bevölkerung bei der
oft tief eingewurzelten treuen Anhänglichkeit zum Herrscherhause
sich wohl selbst gegen jede Beeinträchtigung dieser Rechte auf=
lehnen würde. Vergegenwärtigen wir uns, daß gerade in den

monarchischen Staaten politische Umtriebe und Parteikämpfe seltener zu wilden, zügellosen Zuständen führten, als in republikanischen Staaten, so sollte diese Frage für alle Zeiten von der Socialreform ausgeschlossen bleiben, vornehmlich oder selbstverständlich nur in jenen Staaten, wo dem Volke eine gebührende Mitwirkung bei der Gesetzgebung und der Landesverwaltung gewährleistet ist.

5. Das Recht auf Arbeit und die Arbeitsversorgung.

Bei der unbemittelten Classe bedeutet Arbeit so viel als Brod, daher in dem vielgerühmten Ausspruche der „Gewährleistung des Rechtes auf Arbeit" nichts anderes als das Mittel zur Lebenserhaltung erblickt werden kann. Dieselbe bedingt jedoch das Vorhandensein von Arbeitsstoff; kann dieser nicht geboten, das Recht auf Arbeit also nicht befriedigt werden, ist die Selbsthülfe erschöpft und die Lebenserhaltung in Frage gestellt, so sollte es Pflicht des Staates sein, helfend einzugreifen. Der letztere müßte sonach dem Grundsatze gerecht werden, jedem Staatsangehörigen ein menschenwürdiges Dasein zu gewährleisten, sobald die eigene Kraft des Individuums zur Bekämpfung der Nothlage oder zur Erlangung von Arbeit nicht mehr ausreicht. Es genügt nicht, daß der Arbeiter gegen Unfall und Krankheit versichert ist; auch im Falle der Arbeitslosigkeit sollten Noth und Elend so weit behoben werden, daß der Mensch nicht durch Hunger und Verzweiflung zu unehrenhaften Handlungen getrieben wird.

Daß bei der Anerkennung dieses Princips staatliche Institutionen geschaffen werden müssen, welche geeignet sind, Arbeitskraft und Arbeitsstoff auszugleichen, erscheint selbstverständlich. Es muß überhaupt für die unbemittelte Classe in allen Punkten eine gewisse staatliche Sorge Platz greifen. Wenn die Selbsthülfe der Arbeit und Verdienst entbehrenden Individuen nicht mehr ausreicht, so muß dieselbe unterstützt, also entweder das Verlangen nach Arbeit oder nach Aushülfsmitteln zum Lebensunterhalt — letzteres natürlich nur bis zu einer gewissen Grenze — befriedigt werden.

Dieselbe Institution muß ferner den Zweck haben, die Individualität sowohl der Arbeitnehmer als auch der Arbeitgeber festzustellen. Es muß ebenso Klarheit darüber herrschen, wie sich die Arbeitgeber durch ihr Verhältniß und ihre Denkungsweise insbesondere durch die Arbeits- und Besoldungsverhältnisse, sowie durch humanitäre Vorkehrungen dem Dienstpersonal gegenüber charakterisiren, als auch über die Gestaltung des Verhaltens, der Befähigung und Verwendbarkeit, sowie der Lohn- und Familienverhältnisse der einzelnen Arbeiter.

Des weiteren ist auf die Beförderung der Freizügigkeit hinzuwirken, namentlich in dem Sinne, daß seitens der Eisenbahnen für Arbeiterübersiedelungen minimale Gebühren eingehoben werden. Diese Unterstützung der Freizügigkeit soll nicht allein die Ausgleichung von Arbeitsstoff und Arbeitskraft bezwecken, sondern auch dem strebsamen Arbeiter Veranlassung und Gelegenheit zur Verbesserung seiner Lage bieten, wenn er solche in seinem bisherigen Domicile nicht zu erreichen vermag.

Die Nothwendigkeit der Verstaatlichung der Arbeitsvermittelung liegt klar auf der Hand, weil die Arbeitslosigkeit, gleichviel ob verschuldet oder nicht, bei gänzlicher Mittellosigkeit durch den Selbsterhaltungstrieb zu unehrenhaften und verbrecherischen Handlungen verleitet. Findet bei großen industriellen Unternehmungen eine Massenentlassung von Arbeitern statt, oder werden ausgediente Militärpersonen in die Heimath zurückbefördert, so sind diese brodlos dastehenden Menschen rein auf ihre Selbsthülfe angewiesen; sie wandern von einer Stätte zur anderen, um sich Arbeit zu verschaffen, und wenn ihnen die Arbeitsversorgung nicht gelingt, so kümmert sich Niemand darum, ob Subsistenzmittel vorhanden sind und wie solche Leute ihr Dasein fristen. Sie sind aber sofort dem Gesetze verfallen, wenn sie betteln gehen, stehlen oder unterstandslos werden sollten. Ausreden, daß sie arbeiten wollten, aber keine Beschäftigung zu finden vermochten, bilden höchstens einen

Milderungsgrund für die Bestrafung. Thatsache ist, daß durch Arbeitsmangel und unzureichenden Verdienst eine Menge Menschen dem Laster und Verbrechen in die Arme getrieben werden, und dieser Umstand sollte allein genügen, die Organisation der Arbeitsvermittelung und die Versorgung bei mangelndem Lebensunterhalt als eine selbstverständliche staatliche Pflicht erkennen zu lassen, zumal die bestehenden Privatarbeitsvermittelungsinstitute das Arbeitsbedürfniß nur nach Maßgabe des Angebotes befriedigen, jedoch nicht zur Arbeitsversorgung verpflichtet sind.

Von einer gebührenfreien Arbeitsversorgung braucht gar keine Rede zu sein. Es empfiehlt sich sogar, in dieser Beziehung gewisse mit Kosten verbundene Normen einzuführen, damit die Selbsthülfe nicht als überflüssig, sondern als vortheilhaft erscheint.

Einwendungen gegen eine solche staatliche Institution sind gewiß nicht am Platze, wenn das Bedürfniß erwiesen ist. Vergegenwärtigen wir uns unser jetziges österreichisches Postsparcassenwesen; diesen kolossalen, hauptsächlich zur Vermittelung des Geldverkehres dienenden Apparat, und schrecken wir nicht vor einer Wohlfahrtseinrichtung zurück, welche wichtigeren, oder sagen wir den allernothwendigsten Zwecken dient.

Hat der Staat das Recht, die Früchte der Arbeit für die staatlichen Bedürfnisse in Anspruch zu nehmen, so muß demselben auch die Pflicht obliegen, die staatserhaltenden Elemente erwerbsfähig zu erhalten und über deren Wohl und Wehe in jeder Beziehung eine entsprechende Obhut walten zu lassen.

Im Zusammenhange mit der Arbeitsversorgung steht die Frage bezüglich:

6. Der Gewährleistung eines menschenwürdigen Daseins.

Mancher Leser wird die bisher vertretenen Grundsätze in vieler Beziehung für zu weit gehend befunden und namentlich den geltend gemachten Standpunkt mit Kopfschütteln aufgenommen haben, daß jedem Bedürftigen eine staatliche Fürsorge nach Maßgabe des wirklichen Bedürfnisses zugewandt werden solle, unbekümmert darum, ob ein Selbstverschulden vorliege oder nicht.

Wenn wir uns vor Augen halten, daß sowohl das Betteln als auch das Stehlen strafwürdige Handlungen sind, die Lebenserhaltung aber Bedürfnisse bedingt, welche selbstverständlich — wenn auch in der kärglichsten Weise — befriedigt werden müssen, so setzt dies doch voraus, daß der Mensch imstande sein muß, diese Bedingungen zu erfüllen, ohne sich verbotener Hülfsmittel zu bedienen. Wenn also ein Krüppel, ein Blinder oder ein blöder Mensch absolut unfähig ist, sich seine Lebensbedürfnisse zu beschaffen, so müssen doch naturgemäß andere dafür sorgen, und zwar in so ausreichender Weise, daß diese Menschen nicht Hunger leiden, bekleidet sind und eine Stätte finden, wo sie menschenwürdig existiren können; sie müssen doch wenigstens soweit versorgt werden, als wie der Sträfling im Zuchthause versorgt ist. Gesteht man dies zu, und daran ist wohl nicht zu zweifeln, so müssen wir weiter fragen, was z. B. in folgendem Falle geschehen soll:

Ein unbemittelter Arbeiter stirbt. Er hinterläßt eine Frau mit 5—6 unversorgten Kindern. Die Frau hat den besten Willen, auf redliche Weise ihr Fortkommen zu finden; sie vermag dies aber nicht, weil sie einestheils ihre Kinder ohne Aufsicht allein lassen müßte, wenn sie auf Verdienst ausgehen wollte, andererseits aber auch der letztere nicht für die Lebensbedürfnisse hinreichen würde. Sie wendet sich in ihrer Nothlage an ihre Heimathsbehörde um eine Beihülfe. Dieselbe wird ihr zwar gewährt, aber in so unzureichender Weise, daß sich für die ihr zu Gebote stehenden Mittel auch nicht einmal eine Zuchthauszelle, Sträflingskleidung und -kost beschaffen läßt. Wem es nun nicht selbstverständlich erscheint, daß in einem solchen Falle entweder für eine ausreichende Unterstützung oder dafür gesorgt werden muß, daß die Kinder, während die Frau dem Verdienen nachgeht, anderweit untergebracht und ernährt werden müssen, der möge zur Lösung dieses Problems seinen besseren Rath der Welt nicht vorenthalten.

Nicht minder selbstverständlich muß es sein, daß verkommene Subjecte, Spieler und Trinker zur Arbeit, zu einem ordnungsmäßigen Lebenswandel gezwungen und daß deren unversorgte Angehörige wenigstens mit zuchthausmäßigen Subsistenzmitteln versehen werden müssen, sobald die Selbsthülfe als unmöglich anerkannt wird. Obdachlose müssen untergebracht werden, gleichviel welche Umstände die Unterstandslosigkeit herbeigeführt haben. Gilt einerseits der Grundsatz, daß jeder seine Pflicht zu thun und für sich und seine Angehörigen zu sorgen hat, so muß anderseits die Pflichtvernachlässigung durch Zwangsmittel behoben oder bestraft, im Unvermögensfalle aber für eine menschenwürdige Existenz gesorgt werden.

An jedem Orte sollte eine Stätte geschaffen werden, wo Rath und Hülfe zu Gebote stehen, wenn die eigene Kraft sich als unzureichend erweist, eine Stätte, wo man nicht nur ein Achselzucken findet oder ein Danaërgeschenk erhält. Heutzutage befinden wir uns in den unbegreiflichsten Gegensätzen. Wir haben Geld, manchmal sogar sehr viel Geld, zur Erbauung und Erhaltung von Theatern, Museen, zur Herstellung von Denkmälern und Parkanlagen u. s. w.; wir errichten Paläste für hohe Unterrichtsanstalten, wo die Söhne bemittelter Eltern für eine mäßige Gebühr ihre Ausbildung und die Grundlage für einen nicht mit körperlicher Anstrengung verbundenen Beruf zu finden vermögen; man kann getrost behaupten, daß in letzterer Beziehung auf das denkbarste vorgesorgt worden ist: aber wir haben keine genügenden Mittel, um nach Bedarf Waisenhäuser, Asylhäuser, Arbeitshäuser, Mägde- und Studentenheime, Kindergärten, Kinderspielplätze und Lehranstalten für die Weiterausbildung der arbeitenden Classen zu errichten. Die sehr bemittelten Classen richten ihre Wohnungen mit raffinirtem Luxus, Kunstwerken und Kostbarkeiten ein; sie halten sich zur Kindererziehung Hofmeister und Gouvernanten u. s. w.: für die Erziehung der verwahrlosten Jugend unbemittelter Eltern, welche letztere arbeiten müssen, um leben zu können, haben sie kein Geld. Kostbare Kranzspenden werden bei Begräbnissen und Todtenfesten geopfert, theils allerdings aus Pietät, theils aber gewiß nur gezwungener Weise, weil dieser Brauch Mode geworden ist und die Mode mehr Macht über uns hat, als der eigene Wille, — es werden uns diese Geldausgaben leichter, als wenn wir Bedürftige aufsuchen und sie mit dem gleichen Betrage unterstützen sollten. Bei Trinkgelagen wird oft an einem Abende mehr verpraßt, als was ein Arbeiter in einer ganzen Woche oder in einem Monat verdient und wovon er mit Familie leben muß. Der moralische und physische Katzenjammer erweckt zwar in uns ein unbefriedigendes Gefühl, der Jammer wäre aber ein viel größerer, wenn wir nach Maßgabe unseres Ueberflusses eine ausreichende Armensteuer entrichten sollten. Wir gründen Bettelvereine, um gegen die Belästigung der Hülfsbedürftigen geschützt zu sein; die aufgebrachten Mittel werden nach Gebühr vertheilt, zugleich den damit Beglückten unter Androhung der Unterstützungsentziehung zur strengsten Pflicht gemacht, die Hausbettelei zu unterlassen; wir sagen ihnen aber nicht, wie sie ihr Dasein fristen sollen, wenn die für einen Monat gewährte Beihilfe selbst bei der genügsamsten Lebensweise kaum für 14 Tage ausreicht. Selbstverständlich ist hier nur von erwerbsunfähigen Bedürftigen die Rede.

Große Fabriksetablissements werden errichtet, Hunderttausende dafür aufgewendet; die Arbeiter müssen oft große Strecken zurücklegen, um zur Arbeitsstätte zu gelangen; denn zur Errichtung von Arbeiterwohnungen liegt keine Verpflichtung vor; dazu wäre es auch schade um die Mittel. Fast wie Hohn erscheint es, wenn wir uns bewußt werden, welch edler Regungen wir fähig sind, sobald uns das menschliche Elend in der krassesten Gestalt vor Augen tritt. Dafür giebt es mannigfache denkwürdige Beweise: Ein über seine verzweiflungsvolle Lage lebensüberdrüssig gewordener Handwerker stürzt sich in die Wellen eines Stromes. Ein Officier, dies sehend, springt ihm nach, rettet ihn mit eigener Lebensgefahr und sowohl dieser als auch andere Augenzeugen bieten alles auf, um den Unglücklichen aufzurichten und zu unterstützen. — Zwei zerlumpt aussehende Kinder sprechen einen in der Thür stehenden Bauer um ein Stück Brod an. „Marsch fort! Ihr Gesindel!" war die hartherzige Antwort. Die Kinder schleichen weiter und entdecken in dem bei der Hundehütte stehenden Napfe mit Hundefutter ein Stück durchweichtes Brod, suchen dies trotz der Gefahr, von dem Kettenhunde gebissen und von dem Bauer vertrieben zu werden, zu erhaschen, und als ihnen solches gelungen, verschlingen sie es gierig. Davon wurde das Herz des Bauern so gerührt, daß er die Kinder in sein Haus nahm, sie nicht nur mit Speise und Trank befriedigte, sondern ihnen auch Kleider und ein Geldgeschenk gab und sich nach ihren Lebensverhältnissen erkundigte. — Hätte der Handwerksgesell den Officier auf der Brücke um eine Gabe angesprochen, so wäre er möglicher Weise verhaftet worden; und hätten die Kinder sich das Stück Brod früher aneignen können, ehe es sich im Hundenapfe befand, so wären sie gewiß als spitzbübisches Gesindel verjagt oder eingesperrt worden. — Diese hier angeführten Gefühlsäußerungen lassen tief, ja sehr tief blicken und geben uns zu erkennen, daß wir das Unglück in der Regel erst dann zu würdigen wissen, wenn das menschliche Mitgefühl mit unwiderstehlicher Gewalt herausgefordert wird. Für das siechende und uns verborgene Elend, welches zersetzend und zerstörend auf den Lebensnerv wirkt, mangelt uns das Verständniß; wir meiden es, wohl wissend, daß sich uns in mancher Gegend erschreckende Lebensverhältnisse darbieten würden.

Diese Darlegungen werden genügen, um darzuthun, daß die unteren Volksschichten dem Elende nicht preisgegeben werden dürfen. Kranken= und Altersversicherungen sind unzweifelhaft Hülfsmittel, aber keine Radicalmittel. Hier kann nur mit letzteren geholfen werden.

In jeder wie immer gearteten Bedrängniß muß der Mensch eine Stätte finden, wo ihm Rath und Hülfe gewährt wird. Warten wir, bis die Geister der niedergedrückten und beistandslosen Elemente sich in wildem Hasse gegen die besitzenden Classen aufbäumen und erheben, dann kommt unsere Einsicht zu spät. Die letztere wäre längst zur Geltung gelangt, wenn die Menschen es verständen, sich in die Lage anderer so hineinzudenken, daß sie sich über ihr Thun und Lassen klar wären, im Falle sie ihr Geschick mit anderen vertauschen sollten.

Es sollte daher in jedem Bezirke eine Wohlfahrtsanstalt errichtet werden, gebildet aus besoldeten Beamten, denen als Beiräthe und als werkthätige Mitglieder die Vertreter aller Gemeinden des Bezirks angehören. Die Wirksamkeit dieser Anstalt müßte sich auf alle wie immer Namen habenden Verhältnisse erstrecken, wo die Selbsthülfe nicht ausreicht oder wo dieselbe gänzlich mangelt, also auf Versorgung im Falle der Bedürftigkeit und auf die Vermittlung von Arbeit.

Um Mißbräuchen vorzubeugen, sollten die Unterstützungen in Gestalt von Marken verabreicht und die Unterstützungsbeträge den damit Betheilten zur Last geschrieben werden, damit deren Rückerstattung gefordert werden kann, sobald die Möglichkeit dazu vorhanden ist. Während der Dauer der Unterstützungen und solange die gewährten Aushülfsleistungen nicht zurückgezahlt worden sind, wären die Betreffenden bezüglich ihrer Lebensweise unter Aufsicht zu stellen. Hierbei darf die Privatwohlthätigkeit nicht von Einfluß sein.

Besonders zu empfehlen wäre es, wenn mit der Wohlfahrtsanstalt ein Magazin für noch brauchbare abgetragene Kleidungsstücke, Geräthschaften, Kinderspielsachen verbunden würde.

Es ist nicht daran zu zweifeln, daß sowohl die befürwortete Versorgung unter allen Umständen, als auch die Arbeitsvermittlung durch den Staat vielseitigen Anfeindungen begegnen und als undurchführbar dargestellt werden wird, und zwar unter Hinweisung darauf, daß selten Menschen verhungern oder gänzlich verwahrlost sind und daß die staatliche Versorgungspflicht im vorgeschlagenen Sinne zu große Mittel erfordern würde und zu argen Mißbräuchen führen müsse; weil die Selbsthülfe oder die Selbstaufopferung nicht mehr wie bisher im vollen Maße zur Geltung gelangen würde; daß ferner jeder ordentliche, arbeitsfähige und arbeitswillige Mensch bei gutem Willen Arbeit finden könne und bei einiger Sparsamkeit durch kurze Arbeitsunterbrechungen nicht in eine Nothlage zu gerathen brauche.

Bei aller Anerkennung dieser Befürchtungen und Voraussetzungen dürfte denn doch den Widersachern gegenüber die Frage am Platze sein: In welcher Weise soll denn in Nothfällen der

Mensch für sich sorgen, wenn die dringenden Bedürfnisse durch Selbsthülfe oder durch gewährte Unterstützungen, oder wenn das Arbeitsbedürfniß absolut nicht befriedigt werden kann und es keine Stätte giebt, wo Rath und Hülfe zu Gebote stehen? Sollen solche Menschen zu Grunde gehen oder sollen sie sich das Fehlende erbetteln oder stehlen? Ist es heilsamer, verkommene und arbeitsscheue Menschen ihrem Schicksale zu überlassen oder dieselben durch Zwangsmittel zum besseren Lebenswandel und zu Arbeitsleistungen zu verhalten? Dem Verfasser schwebt der Gedanke vor, daß die Wohlfahrtseinrichtungen für den erwerbsunfähigen, nothleidenden Menschen von wohlthuender und Dankbarkeit hervorrufender Wirkung sein, für die erwerbsfähigen Individuen jedoch wegen der Strenge der Durchführungsbestimmungen, also vermöge der Zwangsmittel, der Beschränkungen in der Lebensweise, der Aufsicht und der Rückzahlungspflicht der gewährten Unterstützungen eine mehr gefürchtete Institution bilden müssen. Ferner darf der Grundgedanke nicht verkannt werden, daß nur im Zusammenwirken aller bisherigen und der nachfolgenden Reformvorschläge eine ersprießliche und gedeihliche Lösung gefunden werden kann; daß also auch in diesem Geiste alle durch die bisherigen Zustände obwaltenden und scheinbar nicht zu bewältigenden Schwierigkeiten in einem milderen Lichte erscheinen müssen.

Die socialen Uebel und Mängel sind überhaupt nicht durch ein einseitiges Mittel, sondern nur durch Besserung aller Zustände, vom Standpunkte der Menschlichkeit und im Sinne anerkennungswürdiger Menschenrechte zu beheben.

---

7. Die gegenwärtigen Wohlfahrtseinrichtungen.

Daß die Kranken-, Unfall- und Invalidenversicherung sich als heilsame Wohlfahrtseinrichtung erwiesen hat, bedarf nicht erst einer Erörterung. Jedes humane Institut muß als eine neue Grundlage für die uns vorschwebende zukünftige Weltordnung bezeichnet werden, selbst wenn diese Grundlage völlig verkannt wird, deren Gefüge noch manche Gebrechen und Lücken aufweist und die Verbesserungsfähigkeiten eine ernste Würdigung verdienen. Es kann daher, mit Rücksicht auf den im vorigen Kapitel vertretenen Standpunkt, auch nur in der Absicht des Verfassers liegen, die vorherrschenden Mißstände näher zu beleuchten.

Gewiß hat beim Inslebentreten der erwähnten Institutionen in erster Reihe das anerkennenswerthe Streben vorgewaltet, den zeitweilig oder gänzlich arbeitsunfähig gewordenen Individuen im Nothfalle eine Aushülfe zu sichern. Wenn in Ermanglung von Mitteln für die dafür aufzubringenden Leistungen dem weiter nicht zu verwerfenden Principe Ausdruck gegeben wurde, daß nebst den Arbeitgebern auch die Arbeitnehmer eine Beisteuer nach Maßgabe des Lohnbezugs zu leisten haben; und wenn auch der Grundsatz noch so gerechtfertigt erscheint, daß eine Gegenleistung ohne eigene Leistung nicht beansprucht werden kann, so läßt sich doch nicht in Abrede stellen, daß letzterer Grundgedanke der Sache insofern ein anderes Gepräge verleiht, als nicht mehr das wahre Bedürfniß, sondern der Rechtsanspruch in Frage kommt. Gleiche Pflichten bedingen gleiche Rechte. Das Recht ist durch die Höhe der Einzahlung begrenzt; aus den wirklichen Bedürfnissen ergiebt sich kein Recht und auch ohne Bedürfnisse ist das Recht auf Unterstützung vorhanden. Die eigentliche Wohlthat des Versicherungszwanges ist also fast gleichbedeutend mit jenen freiwilligen Lebensversicherungen, welche einerseits zur Sicherung der Familie vor Entbehrungen und andererseits behufs Hinterlassung eines größeren Vermögens abgeschlossen werden.

Der ledige Arbeiter erhält dasselbe Krankengeld wie der verheirathete Arbeiter. Ersterer kann sich davon sogar etwas erübrigen, während der letztere, wenn gänzlich unbemittelt, bei einer zahlreichen Familie darben muß und bei länger andauernder Krankheit auf die Wohlthätigkeit anderer angewiesen ist. Die Pflicht der Einzahlung zum Invalidenfond in Deutschland berechtigt zur Inanspruchnahme der Altersversorgung bei Erreichung eines bestimmten Lebensalters, unbekümmert darum, ob die Arbeitsfähigkeit noch vorhanden ist oder nicht. Stünde lediglich die Bedürfnißfrage im Vordergrunde, so müßte jede unbemittelte Person, und nicht nur gewerbliche Arbeiter, gegen Berufsunfähigkeit und Verdienstentgang, oder besser gesagt gegen jede Nothlage gesichert sein, unabhängig von jeder Gebühren=leistung, also in dem Sinne, daß dem wirklichen Bedürfnisse unter allen Umständen Rechnung getragen werde und keine schablonenmäßige Unterstützung platzgreift. Dabei braucht es nicht ausgeschlossen zu sein, daß wegen der mit diesem Principe in Verbindung gelangenden, noch näher zu beleuchtenden Consequenzen die Selbstversicherung auf Grund eigener Einzahlungen aufrecht erhalten bliebe; ja selbst in angezeigten Fällen mit zwangsweiser Durchführung, wo die Schwierigkeiten nicht in Betracht kommen; wenn auch nicht hinwegzuleugnen ist, daß die freiwillige Versicherung eine gesündere Grundlage für den Zweck der Sache bildet.

Die Reformbedürftigkeit der gegenwärtigen diesbezüglichen Zustände erhellt aus folgenden Darlegungen. Der niemals er=krankte Arbeiter lamentirt darüber, daß er sich so und so viel hätte ersparen können, wenn er nicht zu den Einzahlungen ver=pflichtet gewesen wäre; und nicht mit Unrecht, weil man ihn ja zur Beisteuer gezwungen hat. Der erkrankte Arbeiter beklagt sich über vernachlässigte Behandlung seitens des Arztes; eben=falls nicht ohne Grund, was zumeist seine Erklärung in der Jahrespauschalirung des ärztlichen Honorars findet. Oder der Arbeiter bringt dem ihm aufgedrungenen Arzte kein Vertrauen entgegen und bedient sich auf seine Kosten eines anderen Arztes. Der Arzt beschwert sich über ungerechtfertigte Belästigungen und Krankheitsfingirung, und zwar wiederum mit vollem Recht, weil jeder, wenn auch nur wenige Tage leicht erkrankte Arbeiter sich wegen der ihm zukommenden Krankengeldvergütung durch die ärztliche Behandlung ausweisen muß; wo unter anderen Umständen einfache Hausmittel das ihrige gethan haben würden. Die Krankheitsfingirungen sind in gewissen Fällen, und nament=lich bei ledigen Arbeitern, fast zu einer Arbeiterpolitik geworden. Hat der letztere die Nacht durchschwärmt, sodaß er sich den

folgenden Tag zum Arbeiten nicht aufgelegt fühlt, so findet er
es häufig für angemessener, sich durch Erheuchelung einer Krank=
heit der ärztlichen Behandlung unterziehen und drei Bummeltage
verstreichen zu lassen, weil ihm für eine dreitägige Krankheits=
dauer Krankengeld gebührt. Der gleiche Fall pflegt bei ent=
lassenen Arbeitern vorzukommen, wenn es ihnen an anderweiter
Beschäftigung mangelt.

Die geschilderten Vorgänge sollten wenigstens zur Abänderung
derjenigen Bestimmungen des Krankenversicherungsgesetzes dienen,
welche nicht gerechtfertigt erscheinen oder Unzukömmlichkeiten im
Gefolge haben. Namentlich wäre:

Die zwangsweise Versicherung für solche Arbeiter auf=
zuheben, welche Subsistenzmittel bis zu einer angemessenen
Höhe aufzuweisen vermögen;

Die Wahl und Honorirung des Arztes, ebenso die Be=
schaffung der Arzneimittel dem Arbeiter gegen Aufbesserung
des Krankengeldes oder gegen eine 80%ige Vergütung der
wirklich nachzuweisenden Auslagen zu überlassen;

Die Beitragsgebühr und die Krankengeldvergütung für
ledige Arbeiter zur Vermeidung von Mißbräuchen zu er=
mäßigen;

Die Bestimmung einzuführen, daß bei leichten und kurzen
Erkrankungsfällen die Krankengeldvergütung erst mit dem
dritten Tage zu beginnen habe und bei Nichtconsultirung
eines Arztes die Vergütung auf die Hälfte beschränkt werde,
die Krankheitsconstatirung jedoch dem betreffenden Über=
wachungsausschüsse selbstverständlich freisteht;

Endlich die Aufhebung der Krankengeldvergütung für
gesund entlassene Arbeiter bei nachträglicher Erkrankung zu
verfügen, es sei denn, daß eine schwere Erkrankung keine
Zweifel wegen eines Mißbrauches aufkommen lassen. (Diese
Bestimmung läßt sich umsomehr rechtfertigen, weil ja nach
der Entlassung keine Krankengebühr mehr eingehoben wird).

Es kann nicht Aufgabe dieser Broschüre sein, auch
über die Verwaltungsmodalitäten der bestehenden Institution

eine Kritik zu üben, obwohl mancherlei Berechtigungsgründe dafür vorlägen.

---

8. Ueber die Art der Aufbringung der Mittel zur Durchführung aller Reformvorschläge.

Mancher Leser wird die vorangegangenen Reformvorschläge mit Kopfschütteln begleitet haben, in dem Gedanken: das ist alles sehr schön gesagt, aber woher die Mittel zur Deckung so tiefgreifender Umgestaltungen nehmen? Bisher war das Versorgungswesen, also auch die Beschaffung der Mittel, von Kranken-, Unfall- und Invalidenversicherung abgesehen, den Gemeinden überlassen, unbekümmert darum, ob dieselben sich in Wohlstand oder in einer drückenden Lage befanden. Wie reimt es sich nun zusammen, wenn Gemeinden mit geringen Einkünften eine große Anzahl Bedürftiger zu versorgen haben, wenn diese Bedürfnisse nun noch durch eine ausgiebige Versorgung gesteigert werden sollen, während es in anderen Gemeinden bezüglich der Mittel und deren Beschaffung gut bestellt ist und das Versorgungsbedürfniß sich in weit geringerem Maße geltend macht? Wo sich Millionäre aufzuhalten pflegen, dort ist in der Regel auch die Bevölkerung besser versorgt; und wo die Kapitalisten mangeln, dort ist meist Arbeitslosigkeit, Noth und Elend zuhause; wo aber nichts ist, dort kann auch für nichts gesorgt werden.

Folglich erweist es sich als eine fast selbstverständliche Nothwendigkeit, daß die Beschaffung der Versorgungsmittel für jeden Staat centralisirt und den Bezirken oder Gemeinden soviel Mittel zugewiesen werden, als es nach den Bedürfnissen erforderlich erscheint.

Die heikelste Frage ist nun allerdings die Art der Geldbeschaffung. Folgerichtig wäre es, daß der Ueberfluß einerseits den Mangel andererseits auszugleichen bestimmt sein sollte, daß also die reichen Leute, welche mehr verdienen oder deren Besitz mehr trägt, als sie selbst brauchen, aus ihren Mitteln den Mangel decken müssen.

Dieses Princip müßte sonach durch das Besteuerungswesen zum Ausdruck gelangen. Es wäre auch durchaus kein Fehlgriff, wenn die Versorgungsbedürfnisse ausschließlich von den im Ueberfluß schwelgenden Bewohnern eines Staates eingehoben würden, nach dem Grundsatze: jemehr er hat, destomehr er giebt. Wir wollen jedoch nicht verkennen, daß, nachdem in alten Zeiten die Brodherren für ihr Gesinde und ihre Gehilfen in Nothfällen freiwillig sorgten, es vielleicht zu weit gegangen wäre, wenn man unter den heutigen Verhältnissen die Brodherren bezüglich derartiger Hülfeleistungen los und ledig erklären, bezw. die Kosten der Obsorge für das Personal anderen aufbürden wollte. Bis zu einer gewissen Grenze sollten daher die allgemeinen oder laufenden Kosten von den Arbeitgebern getragen werden, und zwar dergestalt, daß für jeden Bediensteten pro Tag drei Kreuzer Beisteuer zu den staatlichen Versorgungsinstitutionen zu entrichten sind, (selbstverständlich unter Wegfall der bisherigen Beitragsleistungen für Kranken-, Unfall- und Invalidenversicherung). Im unzureichenden Falle wären jene reich bemittelten Staatsbewohner, welche für ihren Personalstand eine verhältnißmäßig geringe Versorgung beisteuern, in dem bereits erwähnten Sinne nach Maßgabe des Vermögensstandes heranzuziehen. Alle zu schaffenden Anstalten für das Versorgungswesen sind selbstverständlich aus den Steuereingängen zu bestreiten, bezw. ist die Steuer derartig zu bemessen, daß die Vollendung des Reformwerkes innerhalb 5—10 Jahren bewerkstelligt werden kann.

—

9. Unsere Lebensverhältnisse.

Heute lesen wir in der Zeitung, daß der frühere Millionär Soundso sich selbst entleibt, weil er sein Vermögen in Folge Börsen- und sonstiger Speculationen bis auf 10—12 Tausend Gulden eingebüßt habe.

Morgen hören wir, daß ein gewöhnlicher Arbeiter, welcher bisher von der Hand in den Mund lebte, durch Glücksumstände zu einigen Tausend Gulden gelangt ist, und daß der Mann sowie dessen Familie ihr Glück nicht genug zu preisen wissen.

Begreifen wir auch vollkommen den Gegensatz, so verdienen die demselben zu Grunde liegenden Umstände doch kurz beleuchtet zu werden. Weil der frühere Millionär kein Palais mehr bewohnen, keine Equipagen, Dienerschaft, keine Theaterloge mehr halten, kein luxuriöses Dasein mehr führen, in den bisherigen Kreisen nicht mehr verkehren kann; aber auch nicht die Kraft in sich fühlt, mit den ihm verbliebenen Mitteln zu einer bescheideneren Lebensweise überzugehen und darauf eine neue Existenz zu gründen, so erschießt er sich; während der von einem Ungefähr begünstigte Arbeiter von dem beseligenden Gefühle erfüllt ist, daß sein bisher sorgenvolles und freudloses Dasein eine freundlichere Gestaltung annehmen werde.

Lassen die angeführten Beispiele auch den Contrast in den Gewohnheiten bezüglich der Lebensansprüche in markanter Weise hervortreten, so wäre es doch thöricht, dem Gedanken Raum zu geben, daß der scheinbare Glücksstrudel, in welchem sich im Ueberfluß schwelgende Menschen befinden, das Gefühl der höchsten Befriedigung gewähren könne. Werfen wir einen Blick hinein in die Verhältnisse, so werden wir die Ueberzeugung gewinnen, daß ein großer Theil derjenigen, welche keine Thätigkeit entfalten, sondern sich dem Nichtsthun und dem Genusse hingeben, keine wahre Lebensfreude empfinden. Was uns als Abwechslung Freude und Unterhaltung gewährt, das haben sie im vollen Maße durchkostet, finden es daher langweilig, fad und abgeschmackt, und häufig nehmen wir wahr, daß solche verlebte Menschen in ihrer Blasirtheit von den abenteuerlichsten Ideen erfüllt sind, um sich noch irgend ein zweifelhaftes Vergnügen zu verschaffen. Aber auch diejenigen mit Glücksgütern gesegneten Menschen, welche ihre Mittel in Besitzthümern fruchttragend anzulegen pflegen, sind theilweise nicht zu beneiden. Die Vielseitigkeit und Großartigkeit ihrer Unternehmungen bereitet ihnen oft mehr Sorgen, als wie wir solche auf uns nehmen müssen. Obwohl sie es nicht nöthig haben, sind sie um ihren Wohlstand gar häufig so besorgt, daß sie sich selbst und anderen nichts gönnen, ein ruheloses Dasein führen und gar nicht zu dem Bewußtsein gelangen, daß nur den lachenden Erben dasjenige zu gute kommt, was sie sich selbst und andern entzogen haben. Sie verstehen nicht zu leben, wenngleich es uns unfaßbar erscheint, wie sich auch dann alles Sinnen und Trachten nur auf die Erwerbsthätigkeit concentriren kann, wenn die Vermögenslage das höchste Maß der Lebensansprüche gestattet.

Uebrigens finden wir die Einbildung, daß der thätig auftretenden bemittelten Classe mehr Sorgen obliegen, als z. B. deren Dienstpersonal, fast allgemein vorherrschend. Mag dies auch in vieler Beziehung zutreffen, so wissen diese geplagten Menschen es doch selten zu würdigen, daß zwischen Sorgen und Sorgen ein gewaltiger, himmelweiter Unterschied in der Richtung besteht, ob das sorgenvolle Wirken auf Vermehrung des Wohlstandes gerichtet ist, oder ob den Menschen die Sorge bedrückt, daß er nicht weiß, wie er mit seinen Mitteln die unvermeidlichsten Lebensbedürfnisse beschaffen soll. Dieser Gegensatz kann der bemittelten Classe gegenüber nicht scharf genug ins rechte Licht gestellt werden. Auf der einen Seite ist bei der Sorge um die Hebung des Wohlstandes der Gedanke an die Lebensbedürfnisse fast ganz ausgeschlossen, auf der andern Seite bilden nur die letzteren die Sorge, während der Wohlstand als frommer Wunsch außer Betracht bleibt.

Die ungleiche Vertheilung der Glücksgüter bedingt eine verschiedenartige Gestaltung der Lebensansprüche. Fern sei es von uns, den Leuten bemittelten Standes zumuthen zu wollen, daß sie ihre Lebensweise einschränken sollen, um sich etwa durch das Beispiel eines bescheidenen Auftretens hervorzuthun. Jemehr von dem Ueberflusse für den Lebensaufwand verausgabt wird, desto mehr profitiren andere davon. Dagegen aber erweist es sich als eine Verpflichtung, eine gewisse Wachsamkeit nach der Richtung zu üben oder durch Belehrungen darauf hinzuwirken, daß der Lebensaufwand in wenig bemittelten oder ganz unbemittelten Kreisen sich den Verhältnissen angemessen gestaltet.

Wenn der verheirathete Arbeiter nach Empfang seines Wochenlohnes den letzteren im Wirthshause vertrinkt oder verspielt, mit leeren Händen heimkehrt und die Familie dafür darben muß, so sollte es Zwangsmittel geben, welche solchen Ungehörigkeiten ein Ziel setzen: sei es durch Beschlagnahme eines Lohnantheils zu Gunsten der Frau, oder durch Vorschriften an die Wirthshausinhaber im Falle leichtsinniger Geldvergeudung seitens der als unbemittelt und leichtlebig bekannten Gäste. Die Erscheinung, daß der Mann, anstatt sich der Sorge für die Seinigen bewußt zu sein, seine Gelüste befriedigt und von der Frau Unmögliches verlangt; namentlich, daß sie ohne genügende Mittel für alles sorgen soll, tritt leider sehr häufig zutage. Allerdings fehlt es auch nicht an Beispielen, daß die Frau unvernünftig und leichtlebig ist und den Verdienst ihres Mannes verwirthschaftet. In diesem Falle steht jedoch dem Manne wenigstens das Aushülfsmittel zu Gebote, daß er die Frau bezüglich der Geldzutheilung kurz halten kann.

In bürgerlichen Kreisen führen bei beschränkten Mitteln im Falle der Verheirathung die Lebensansprüche oft zu den bittersten Enttäuschungen. In der ersten Zeit überwindet in der Regel die Liebe alle Schwierigkeiten und Bedenken. Die Wohnung wird sozusagen standesgemäß, womöglich mit Empfangssalon, eingerichtet, damit dieselbe auf Freunde und Bekannte imponirend wirkte. Ein Dienstmädchen wird gehalten, weil die Frau doch unmöglich alle häuslichen Arbeiten allein verrichten kann. Der Mann möchte in seiner früheren Lebensweise nicht beschränkt sein; und wenn dann Familienzuwachs eintritt, so wird häufig die längst gedämmerte Ahnung zur Gewißheit: daß die Verheirathung für beide Theile ein dummer Streich war. Liebe, Glück und Zufriedenheit sind in Frage gestellt und die Einsicht kommt in der Regel zu spät, daß der tolle Streich in nichts anderem, als in dem unverhältnißmäßigen Aufwande bestand. Es ist gar nicht daran zu zweifeln, daß die Eltern dieses Mißverhältniß mit sorgenvollen Mienen durchschaut hatten, sie vermochten jedoch der Mode keinen Widerstand zu leisten und trösteten sich mit der Hoffnung, daß der verblendete oder gekaperte junge Ehemann sich ermannen und seine Einkünfte mit den wachsenden Lebensbedürfnissen in Einklang zu bringen suchen werde, sobald er zum richtigen Bewußtsein über seine Lage gelangt ist. Gelingt das nicht, so heißt es einfach: Der Mann hat leichtsinnig geheirathet; weil er keine Frau und Familie zu erhalten vermochte.

In wohlhabenden Kreisen führt die vornehme Lebensweise in der nächsten Generation vielfach zu den unangenehmsten Erfahrungen. Das Vermögen wird durch die Vererbung zersplittert. Anstatt nun auf Grund der beschränkteren Wohlhabenheit der Erben die Lebensweise einzurichten, werden, schon um den Schein zu wahren, die früheren Gewohnheiten beibehalten. Auf diese Weise gehen manche durch Verwöhnung und üble Beispiele mit offenen Augen dem materiellen Ruin entgegen.

Fragen wir uns nun, worin die Mittel bestehen sollen, um solche Mißverhältnisse auszugleichen oder zu vermeiden, so lautet die Antwort nicht etwa: daß wiederum der Staat für eine zweckmäßige Lebenseintheilung sorgen solle; sondern in diesem Falle kann nur ein anderer Factor helfen, und das ist — lediglich: die Frau. Aber nicht die Frau, welche, jedes Pflichtbewußtseins bar, in dem Manne nur das Mittel zum Zwecke der Verheirathung und Versorgung erblickt; sondern jene Frau, welche von dem Gefühl durchdrungen ist, daß sie ebenso wie der Mann einen Beruf zu erfüllen habe. Von einem ersprießlichen Wirken in diesem Sinne kann im allgemeinen heutzutage eigentlich nur bei den unteren Volksschichten die Rede sein, wo die mangelnden Mittel eine Beihülfe nicht gestatten und die häuslichen Obliegenheiten der Frau allein zur Last fallen. Auch in bürgerlichen Kreisen fehlt es nicht an zahlreichen nachahmenswerthen Beispielen; ja wir finden oft Verhältnisse, wo das Familienglück und der Wohlstand mehr dem einsichtsvollen Wirken der Frau, als den Bestrebungen des Mannes zuzuschreiben sind; wo thatsächlich der Mann sein glückliches Dasein nur der Frau zu verdanken hat.

Gehen wir nun einen Schritt weiter, so tritt uns schon mit verhältnißmäßig geringeren Ausnahmen das Bild vor Augen, daß die Frau in dem Wahne lebt, der Mann sei allein dazu berufen, eine productive Thätigkeit zu entfalten und für den Lebensunterhalt zu sorgen. Während selbst in den wohlhabendsten Ständen dem männlichen Geschlecht eine möglichst vielseitige und tiefgreifende Ausbildung zutheil wird, um dadurch seine Erwerbsfähigkeit zu begründen, werden die Mädchen nach vornehmer Manier zumeist zur „höheren Bildung" erzogen, ohne gründliche Unterweisung in den häuslichen Arbeiten. Moderne Gewohnheiten und Beispiele haben hier eine förmliche Berufsverirrung, ein wahres Zerrbild der sorglich waltenden Hausfrau geschaffen, welches es ganz begreiflich erscheinen läßt, daß die Mädchen nicht mehr um ihrer selbst willen, sondern ihrer Mittel halber geheirathet werden, damit Köchin, Stubenmädchen, Näherinnen, Büglerinnen gehalten werden können. Welche unerhörte Zumuthung läge darin, wenn die Frau in ihrer eigenen Wirthschaft arbeiten sollte, wie man es in einfachen bürgerlichen Verhältnissen findet. „Was würden die Leute dazu sagen," wenn sie selbst Zimmer reinigen, Wäsche bügeln, Kinder warten und erziehen und sich mit Näharbeiten beschäftigen wollte; sie könnte ja keine Toilette machen, keine Besuche empfangen und solche nicht abstatten; kurz, sie würde nach ihrer Meinung eine dienstbotenartige Rolle spielen und in den Augen ihrer Standesgenossinnen zu einem untergeordneten und nicht ebenbürtigen Wesen herabsinken! Bei solchen Zuständen darf man sich wirklich nicht darüber wundern, wenn jene Frauen, welche sich durch häusliche Thätigkeit hervorthun und sich ihrer Lebensaufgabe bewußt sind, in der Einbildung leben, daß sie nicht etwas selbstverständliches, sondern etwas ganz außergewöhnliches leisten. Uebrigens ist mit diesen Darlegungen das Sündenregister noch nicht abgeschlossen. Wir müssen weiter fragen, wo bleibt die vielgerühmte, schlichte deutsche Hausfrau, wenn dieselbe Ansprüche ans Leben stellt, welche sich vielleicht wohl mit ihren Mitteln und allenfalls mit den wohlmeinenden Gesinnungen ihres Gatten, selten aber mit ihren Verdiensten um den Hausstand vereinbaren, sondern sie thatsächlich als eine wirthschaftliche Last erscheinen lassen.

Die Mode hat nach dieser Richtung arges geleistet und empfängliche Naturen gefunden. Morgentoiletten, Promenaden- und Gesellschaftscostüme wechseln in vielgestaltiger Beschaffenheit ab. Besonders im gesellschaftlichen Verkehr geht es doch nicht an, immer in derselben Toilette, mag sie noch so gut sein, zu erscheinen. Die Leute würden ja darüber die Nase rümpfen und auf eine gewisse Armseligkeit schließen! Am allerwenigsten aber kann man in nicht mehr ganz modernen Costümen auftreten, selbst wenn sie noch neu wären. Diese Sachen gehören zum Plunder oder sind allenfalls geeignet, umgearbeitet und für andere Zwecke verwendet zu werden. Wahr ist allerdings, daß die Toilettenfrage das hauptsächlichste Vergnügen der Frau bildet und alle andern Ansprüche keine bemerkenswerthe Rolle spielen; Thatsache bleibt es aber doch, daß die schlichte Hausfrau in besseren Kreisen heutzutage ein phänomenales Geschöpf ist, daß der Modezwang einen sinnlosen und haarsträubenden Cultus bildet, welcher sich mit dem Begriffe von einer sorgsamen und sparsamen Hausfrau nicht in Einklang bringen läßt, und dem Manne manchen Nothseufzer abringt, besonders wenn hinter dem glänzenden Auftreten bereits der nahende Ruin verborgen ist.

Nicht hinwegzuleugnen ist allerdings, daß auch dem männlichen Geschlechte Passione nanhaften, welche ebenfalls Geld, und zwar manchmal ziemlich viel Geld kosten. Der starke Bier-, Wein- und Tabakverbrauch kommt zumeist auf Rechnung der Männerwelt und wird durchschnittlich das häusliche Budget nicht minder belasten, als die Toilettenbedürfnisse der Frau. Bei diesem Vergleich kann jedoch nicht außer Acht gelassen werden, daß nach allen Voraussetzungen der Mann das Geld für seine Lebensbedürfnisse in seinem Berufe verdient; die letzteren thatsächlich einen anerkannten Genuß gewähren — Ausartungen natürlich ausgenommen — während die hier geschilderte Frau, gar wenn sie keine Mittel eingebracht hat, ihren Flitterstaat auf Kosten des Mannes besorgt, ohne eigene productive Leistungen

— wenn man nämlich von der Bewerthung der sogenannten Repräsentationspflichten absehen will — und während ferner die übertriebene Putzsucht nur von Hoffahrt zeugt, also ein verwerfliches Beispiel bildet.

Wäre diese Art Frauen sich einer Berufsverpflichtung bewußt, also im gleichen Maße thätig oder im Hauswesen befähigt, wie es beim Berufe des Mannes als selbstverständlich erachtet wird, so gäbe es viel weniger nervöse Zustände und weit mehr glückliche Ehen. Unthätigkeit, zwecklose Beschäftigungen und Langeweile machen den Menschen verstimmt und führen oftmals zu Krankheitserscheinungen und zu dem Resultate, daß der Mann anstatt nach angestrengter Berufsthätigkeit eine angenehme Häuslichkeit und eine ihn aufheiternde Frau zu finden, es sich angelegen sein lassen möchte, die mißgelaunte und nach ihrer Meinung vernachlässigte Frau zu zerstreuen und zu unterhalten.

Jeder wie immer geartete Beruf setzt gründliche Kenntniß und Fähigkeiten voraus, welche es ermöglichen, den Anforderungen desselben in allen Zweigen gerecht zu werden. Der Handwerker, welcher sich etablirt, arbeitet, solange seine Kräfte ausreichen, allein und nimmt erst dann Lehrlinge und Gehilfen auf, wenn die Nothwendigkeit solches erheischt. Er überwacht sein Personal, giebt seinen Leuten Anleitungen und sorgt dafür, daß die Arbeiten zur Zufriedenheit ausgeführt werden. — Der Fabrikant arbeitet nicht selbst in seinem fabriksmäßigen Betriebe. Er richtet sein Unternehmen nach seinen Erfahrungen ein; verschafft sich das nöthige Arbeitspersonal, unterweist und controlirt es; oder er überläßt letzteres vertrauenswürdigen Personen, wenn er dazu in der Lage ist und ihn andere Verpflichtungen in Anspruch nehmen. In allen Fällen, gleichviel ob man selbst arbeitet oder arbeiten läßt, bedingt also der Beruf ein umfassendes Wissen. Wehe aber jedem Berufsausübenden, wo die eigenen Fähigkeiten mangeln oder wo die eigene Thätigkeit nicht förderlich wirkt. Er ist verrathen und verkauft und erfüllt eine zweifelhafte Lebensaufgabe.

Die Ehe gilt nun ebenfalls als Beruf. Die Berufspflichten

fallen jedoch zumeist der Frau zur Last. Wie würde sich aber das Resultat gestalten, wenn vor der Eheschließung der Befähigungsnachweis für diese Pflichten zu erbringen wäre? Das Ergebniß würde zumeist lauten: — — Reden wir lieber nicht darüber, die Leute heirathen ja doch, ohne darnach zu fragen. So ist es in der That. Die Köchin heirathet, ohne waschen, nähen und bügeln zu können; Stubenmädchen, Näherinnen, Fabriksarbeiterinnen heirathen, ohne einen Dunst vom Kochen zu haben; Bürgerstöchter heirathen, um erst während der Ehe einzusehen, daß sie viel zu wenig gelernt haben, und in höheren Kreisen heirathen die musikalisch, literarisch und sprachlich gebildeten Mädchen ohne eigentliches Pflichtbewußtsein; sie kennen die häuslichen Arbeiten nur vom Sehen, verlassen sich auf ihr Personal und sind tief unglücklich, wenn ihnen eine Hülfskraft fehlt. Um gerecht zu sein, mag zugegeben werden, daß es an rühmlichen Ausnahmen nicht fehlt und daß viele, ja vielleicht die Mehrzahl der Frauen während der Ehe zur richtigen Einsicht und zur allmähligen Pflichterfüllung gelangen; vielfach ist dann aber auch schon die halbe Glückseligkeit dahin.

Was also noththut, das ist die gründliche Ausbildung des weiblichen Geschlechts in allen häuslichen Arbeiten; die Errichtung von Haushaltungs- und Handarbeitsschulen mit theoretischem und praktischem Unterricht, welche so organisirt sein müssen, daß die der Schule entwachsenen Mädchen, welche über ihre Zeit verfügen können, während des Tages, diejenigen aber, welche am Tage dienstliche Verpflichtungen haben, in den Abendstunden unterrichtet werden. Es muß auch dafür gesorgt werden, daß die letzteren für die Zeit des Unterrichts der dienstlichen Leistungen enthoben werden. Auf Standesunterschiede darf keine Rücksicht genommen werden. Befinden sich die Mädchen im Kindesalter in der Schule beisammen, so wird auch der nachherige gemeinschaftliche Unterricht nur die wohlthätige Wirkung haben, daß der Classendünkel weniger oder nicht zu früh zur Geltung gelange. Es wäre allerdings eine Vermessenheit, wenn man reichbemittelten Frauen zumuthen wollte, daß sie gewöhnliche Hausarbeiten verrichten sollen; während ihnen anderweitige Beschäftigungen als Musik, Lectüre, Schriftstellerei, Malerei u. s. w. mehr Befriedigung und Vergnügen gewähren; das schließt jedoch nicht aus, daß solche Frauen ebenfalls für ihren Beruf durch vorherige Erlernung aller häuslichen Arbeiten vorbereitet sein können; um, wenn nöthig, mit Sachkenntniß eine Ueberwachung des Dienstpersonals auszuüben, bezw. um selbst wirksam angreifen zu können, im Falle im Wechsel der Zeiten die Verhältnisse ein bescheideneres Auftreten erheischen sollten.

Haben nun die Mädchen gründlich gelernt, mit welchen Mitteln sich ein Hausstand begründen und erhalten läßt; so werden sie nicht leichtfertig, unfertig oder mit Ansprüchen in den Stand der Ehe treten, welche den Mitteln nicht entsprechen. Sie werden ihre Kenntnisse auch dann zu verwerthen suchen, im Fall die Nothwendigkeit zur Arbeit nicht vorliegt, um die überflüssige Zeit nützlich anzuwenden. Die weiblichen Tugenden oder der persönliche Werth werden der Männerwelt gegenüber mehr in Betracht kommen, als der materielle Hintergrund. Auch ist es hoffentlich nicht ausgeschlossen, daß jene Geschöpfe einen Nutzen daraus ziehen werden, welche heutzutage durch Verwahrlosung nach genossener Schulbildung auf Abwege gerathen.

Beim weiblichen Wesen finden wir Aufopferung, Ergebung, Duldung, Entsagung, Anspruchslosigkeit in der Ernährungsweise weit mehr ausgeprägt, wie beim männlichen Geschlecht. Denken wir uns nun diese gottbegnadeten Eigenschaften mit der gründlichsten Sachkenntniß des weiblichen Berufs vereint, so wird jene Voraussagung sicherlich zutreffen, daß allein die Frau das dazu berufene Wesen sei, um die Lebenseintheilung allen Verhältnissen angemessen und zum Heil der Familie zu gestalten. Es kann nicht fehlen, daß bei einer angemessenen Lebenseintheilung gesündere Weltanschauungen platzgreifen und daß jene überspannten und ungebührlichen Ausartungen in der Toilettenfrage maßvoller zum Ausdruck kommen werden. Allerdings wird die schlichte Einfachheit schwerlich zu erreichen sein; was schön ist, möchte noch schöner sein, und was die Natur nicht verliehen hat, möchte durch künstliche Mittel ge=

mildert oder ersetzt werden. Lassen wir ihnen das Vergnügen, wenn es mit Verstand gehandhabt wird und wenn nur alles andere sich zum besten gestaltet.

Nicht alle Mädchen können heirathen; sie hängen von der Wahl der Männer ab, und wenn sich keine passende Gelegenheit findet, so bleiben sie „sitzen". Für solche Mädchen ist es nun ein wahrer Segen, wenn sie etwas tüchtiges gelernt haben; weil sie sich alsdann sehr leicht ein sorgenfreies Dasein verschaffen können, und zwar solchergestalt, daß manche durch die Verheirathung enttäuschte Frau gern mit ihnen tauschen möchte. Die Verwendung weiblicher Hilfskräfte für das Lehrfach, für Post-, Telegraphen-, Telephon- und sonstige Bureaudienste hat sich aufs beste bewährt. Als Erzieherinnen, Kindergärtnerinnen, Verkäuferinnen, sowie auch theilweise für den Unterricht finden dieselben schon lange einen ersprießlichen Wirkungskreis. Es hängt aber rein von dem Einfluß der nächsten Anverwandten, sowie von der Individualität und den Mitteln der Mädchen ab, ob sie nach der einen oder andern Richtung eine Ausbildung anstreben und durchführen. Eine leicht zugängliche Gelegenheit, diesen Zweck auch ohne entsprechende Mittel für die Ausbildung zu erreichen, ist ihnen nicht geboten. Solche Mädchen sind in der Regel einem zweifelhaften Schicksale preisgegeben und es wäre wahrlich an der Zeit, für die Errichtung von weiblichen Bildungsanstalten für Berufszwecke werkthätig aufzutreten, bei welchen die Mittellosigkeit bezüglich der Aufnahme kein Hinderniß bildet.

Wir können dieses Capitel nicht schließen, ohne den Standpunkt der Socialdemokratie zu erörtern, wonach den Frauen im öffentlichen Leben gleiche Rechte wie den Männern zuerkannt werden sollen.

Es bedarf bei dieser Frage zuerst der Erwägung, ob die Einräumung dieser Rechte ein Bedürfniß oder ein begründetes Verlangen bildet. Ließen wir diese Frage von den Frauen selbst und zwar von einsichtsvollen, vernünftigen Frauen beantworten, so lautet die Antwort sicherlich in dem Sinne, daß die Frauen im Dienste der Häuslichkeit stehen, ihr Wirken mit der

Außenwelt nichts zu thun hat, die letztere vielmehr nur zur Erholung und zum Vergnügen aufgesucht wird. Es hieße den inneren Halt preisgeben und die weibliche Natur zum Nachtheile für die eigentliche Lebensaufgabe verleugnen, wenn die Frauen ihr Sinnen und Trachten ablenken, und dasselbe auf andere, die eigenen oder die weiblichen Interessen selten berührende Angelegenheiten ausdehnen und sich dem Parteigetriebe hingeben wollten. Allerdings läßt sich einwenden, daß die Beschränkung des Wirkungskreises auf die Häuslichkeit nicht aller Frauen Wunsch ist; daß alleinstehende Frauen Geschäfte betreiben oder einen Beruf in der Außenwelt erfüllen, welcher eine Vertretung gerechtfertigt erscheinen läßt — das ist richtig. Es ist aber auch richtig, daß sowohl die gewerblichen Interessen als auch die Interessen der Arbeitskräfte von männlicher Seite zur Genüge vertreten werden können; daß weibliche Interessen von Belang nicht vorwalten, also auch kein Bedürfniß nach einer öffentlichen weiblichen Wirksamkeit im weitesten Sinne vorliegt. Das Bedürfniß rechtfertigt den Anspruch. Wäre das erstere thatsächlich vorhanden, so befänden wir uns längst einer Frauenbewegung gegenüber, gegen welche die Arbeiterbewegung vielleicht harmlos erscheinen möchte.

Uebrigens steht es außer Frage, daß eine begrenzte öffentliche Mitwirkung der Frauenwelt nicht nur berechtigt, sondern sogar von heilsamer Wirkung sein würde. Kinderlose Frauen, ebenso Frauen, deren Verhältnisse eine umfassende häusliche Thätigkeit nicht erfordern; also überhaupt weibliche Personen, welche ohne eigenen Nachtheil über einen Theil ihrer freien Zeit zu verfügen vermögen; sollten die Einrichtung, die Leitung und Ueberwachung aller jener empfehlenswerthen Institutionen, welche auf die Armenpflege, Kindererziehung und Ausbildung weiblicher Personen gerichtet sind, übernehmen; selbstverständlich unter Beistellung der erforderlichen Mittel seitens des Staates. Sie würden dadurch ein reiches Feld für öffentliche Wirksamkeit finden und wären auf einem Gebiete, wo die weiblichen Eigenschaften erfolgreicher zur Geltung kämen, als der kalte berechnende Sinn der Männerwelt. Schon der Umstand, daß sociale

Reformen und Humanitätsbestrebungen auch auf weiblicher Seite geboten erscheinen, rechtfertigt es, daß auch die Frauen sich ihres Geschlechts nach Thunlichkeit annehmen.

10. Das Erziehungswesen.

Erziehung und Ausbildung müssen getrennt von einander gepflegt werden; wenn auch die Thatsache nicht hinwegzuleugnen ist, daß die vielseitige und längere schulmäßige Ausbildung zugleich eine erziehliche Wirkung hat. Nicht alle Menschen können mit einer gleichmäßigen und höheren Ausbildung bedacht werden; die Welt braucht körperlich und geistig thätige Menschen. Es ist aber eine grundfalsche Annahme, daß in allen Fällen für eine vernachläßigte häusliche Erziehung die gegenwärtige schulmäßige, also auch die religiöse Ausbildung Ersatz zu bieten vermag. In diesem Wahne haben wir uns nach der bisherigen Gepflogenheit befunden; wir haben die Menschen gescheidter, aber nicht besser gemacht; die Früchte einer vernachläßigten Erziehung, namentlich einer mangelhaften Charakterausbildung, treten in erschreckender Weise zutage und kennzeichnen die gewaltige Lücke in den vermeintlichen Grundlagen der Volkswohlfahrt.

Vergegenwärtigen wir uns nun nach unseren eigenen Verhältnissen, welcher Sorgsamkeit, Pflege, Ermahnungen und Lehren die Kindererziehung bedarf, welche Unterstützung die häusliche Lernthätigkeit oft erfordert, und halten wir uns dagegen vor Augen, wie die Erziehung sich bei der größeren Volksmasse gestaltet; so müssen wir anerkennen, daß in dieser Beziehung theils sehr mangelhafte, theils aber auch ganz entsetzliche Zustände vorwalten. In vielen Fällen kann von einer Erziehung überhaupt nicht, sondern nur von einer gründlichen rohen Verwahrlosung gesprochen werden. Die Kinder wachsen bei einer häuslichen Verkommenheit wild heran; jede edle Regung wird eher unterdrückt als gefördert, ebenso die natürlichen Charakteranlagen durch den Verkehr mit verkommenen Altersgenossen. Körperliche Züchtigungen, und zwar oft der rohesten Art, bilden allenfalls die einzige erziehliche Lichtseite; besonders in jenen Fällen, wo die Kinder den Eltern zur Last sind. Schon im halbwüchsigen Alter zeigen sich die Folgen der erziehlichen Unterlassungssünden, und wenn dieselben schließlich in verbotswidrige Handlungen ausarten, so haben wir für die augenscheinlich Vernachlässigten nur ein mitleidiges Achselzucken und trösten uns mit dem Bewußtsein, daß es ja für unerlaubte Handlungen Strafgesetze giebt und daß wir Polizei, Gensdarmerie und Strafanstalten in vollkommen ausreichendem Maße besitzen. Wir sagen uns aber nicht, daß, wenn wir geeignete Anstalten für Erziehung vernachlässigter Kinder geschaffen hätten, ein Theil der Strafanstalten in gemeinnützige Institute umgewandelt werden könnte. Wir verkennen vollständig den Nutzen und den Werth einer allgemeinen und genügenden Volkserziehung, obzwar uns die eigene Erziehung darüber belehrt. Was bei mangelnder häuslicher Erziehung die Ermahnungen und Strafen seitens der Lehrer nicht zu vollbringen vermögen, das bildet die Grundlage für die vorherrschende Verkommenheit und Unsittlichkeit. Würde man über die Lebensentwickelung der dem Gesetze und der Sittenlosigkeit verfallenen Individuen Nachforschungen anstellen, so gelangte sicherlich die Ueberzeugung zum Durchbruch, daß bei 90% derselben von einer wirksamen und zielbewußten Erziehung keine Rede war.

Erscheint es nun auch noch so schwer, in dieser Beziehung Wandel zu schaffen, so dürfen wir doch bei einer die Weltordnung so tief beeinträchtigenden Bedürfnißfrage nicht vor den Mitteln zurückschrecken, welche geeignet sind, die bestehenden Zustände zu bessern. Es sollte zum Grundsatze erhoben werden, daß nebst einer schulmäßigen Charakterausbildung, deren Grundzüge in einem späteren Capitel zur Erörterung gelangen werden, soweit als durchführbar, in allen Fällen eine staatliche Mitwirkung ausgeübt wird, wo für eine angemessene häusliche Erziehung keine genügende Gewähr vorhanden ist. Selbverständlich könnte diese Ansicht nur auf die Weise verwirklicht werden, daß in allen Orten erst Kindergärten für die noch nicht schulpflichtigen Kinder, weiter aber entsprechende Lokale mit Spielplätzen geschaffen werden, wo die schulpflichtigen Kinder ihre freien Stunden, also die Zeit nach dem Nachmittagsunterricht bis zur Abendmahlzeit, ebenso auch die freien Nachmittage, mit Ausnahme der Sonn- und Feiertage, zubringen könnten.

Schwebt uns im allgemeinen auch das Ziel vor, die Kinder auf diese Weise vor nachtheiligen Einflüssen zu bewahren, so müßte die Neuerung doch auch so gestaltet sein, daß die Eltern derselben nicht feindlich gegenüberstehen, und daß auch die Kinder sich willig und gern dem Zwange unterwerfen; was ja durch Einführung anregender Spiele, zwangloser Unterhaltungen, sowie durch Ausflüge u. s. w. leicht zu erreichen wäre.

Es würde zu weit führen, wenn die Durchführungsideen hier erörtert werden sollten. Ob z. B. die Schulaufgaben während der Anwesenheit in der Anstalt oder zuhause nach dem Abendbrod zu verrichten; ob und welche Rücksichten darauf zu nehmen wären, falls die Eltern ihre Kinder zeitweilig zu Hülfsleistungen gebrauchen, und wie überhaupt die Organisation nach den verschiedenen Altersstufen am geeignetsten ist: das sind alles Fragen, welche erst bei der ernstlichen Verwirklichung der Erwägung bedürfen. Beherzigen wir vor allem, daß die Erziehung eine übertragende Wirkung hat und daß die Erfolge derselben eine Gewähr dafür bieten, daß das Bedürfniß der staatlichen Obsorge sich von Geschlecht zu Geschlecht herabmindern wird.

---

11. Ueber die Ausbildung.

Die Ausbildung begründet in der Hauptsache den Beruf und die Leistungen der Menschen. Man kann getrost behaupten, daß für diese Zwecke in Culturstaaten auf das denkbarste und mit großen Opfern vorgesorgt worden ist; daß jeder, dem die Mittel zu einer seinen persönlichen Anlagen angemessenen höheren Ausbildung zu Gebote stehen, reichlich Gelegenheit dazu findet;

ja daß wir sogar auf dem Punkte stehen, eine Ueberfluthung des geistigen Gebietes befürchten zu müssen, weil sich demselben mehr Menschen zuwenden, als die Welt braucht. In dem Umstande, daß in der Regel die Mittel oder die Verhältnisse für die Ausbildungsart entscheidend sind, könnte man eigentlich ein weltordnendes und naturgemäßes Walten erblicken; weil darin eine gewisse Gewähr liegt, daß zwischen geistiger und körperlicher Kraft ein angemesseneres Verhältniß obwalten werde; als wenn auch der unbemittelten Classe ebenfalls Gelegenheit zu einer höheren geistigen Ausbildung geboten wäre. Von diesem Gesichtspunkte aus betrachtet hat also die ungleiche Gütervertheilung thatsächlich etwas für sich. Es ist auch angesichts der socialen Wirren nicht zu leugnen, daß die arbeitende Classe in früheren Zeiten bei mangelhafter Schulbildung, dagegen mehr von religiösem Gefühl durchdrungen, deshalb zufriedener mit ihrer Lage war; weil sie sich der in der menschlichen Gesellschaft bestehenden Ungleichheiten aus Mangel an Intelligenz nicht so recht bewußt wurde und darin nichts ungehöriges, sondern eine ganz natürliche Weltordnung erblickte. Insofern hat also die durch die Verbesserung des Schulwesens gebotene Aufklärung eigentlich geschadet. Man hat damit der dienenden Classe die Augen über die bestehenden Mißverhältnisse geöffnet; also für das Gute, was wir gewollt, haben wir nur Undank geerntet, oder, wie man zu sagen pflegt, uns damit ins eigene Fleisch geschnitten.

Uebertriebene Tugenden können sich leicht zu Fehlern gestalten, und zwar zu solchen Fehlern, welche nicht mehr rückgängig zu machen sind und mit denen man, wie in diesem Falle, unter den heutigen modernen Verhältnissen als mit einer nicht mehr zu beseitigenden Einbürgerung rechnen muß. Die Fortschritte hemmen den Rückschritt und verhindern den Stillstand auch dann, wenn die beiden letzteren von heilsamer Natur sein könnten. Die Rollen bezüglich der Ansprüche wurden zwar noch nicht vertauscht, aber sie stehen sich ziemlich schroff gegenüber, drängen zu einem Ausgleiche, und die Einsicht erfordert es, daß man diese Ansprüche auch auf dem Gebiete des Schulwesens nach Recht und Gebühr würdigt; zumal sich manche eingebürgerte Mängel nicht hinwegleugnen lassen.

Wie schon erwähnt, hängt von der Obsorge und den Mitteln der Eltern die Ausbildung der Kinder zumeist ab. Vom natürlichen Standpunkte sollte man annehmen, daß bei der Entscheidung über die Berufsgestaltung einestheils die individuelle Begabung, anderntheils der Kräftebedarf maßgebend sein müßte. Das ist jedoch keineswegs der Fall. Mögen manche Schüler auch noch so wenig zu einer höheren geistigen Ausbildung beanlagt sein, so waltet seitens der bemittelten Eltern dennoch das Streben vor, die höhere Ausbildung zu erzwingen; damit den Kindern die Erwerbsfähigkeit möglichst erleichtert werde; dieselben sich in gebildeten Kreisen bewegen können; vor allem aber die Militärpflicht auf ein Jahr beschränkt bleibe. Die letztere Institution, also das Einjährig-Freiwilligen-Recht, bildet ein gewaltiges Hinderniß für die natürliche Berufsausbildung. Dadurch hat sich die geistige Ausbildung zu einem förmlichen Cultus gestaltet und es sind dem Gewerbestand manche Kräfte entzogen worden, welche auf diesem Gebiete ihr Fortkommen besser gefunden haben würden. Anderseits erweist es sich ebenso als ein arger Fehler, wenn hervorragende, geistig befähigte Schüler deshalb auf das Gebiet der körperlichen Arbeit und zu einem nicht angemessenen Berufe gezwungen werden, weil es den Eltern an den Mitteln zu weiterer Ausbildung mangelt. In dieser Beziehung sollte die Einführung ins Auge gefaßt werden, daß solche in hohem Grade befähigte Schüler auf eigenen und auf der Eltern Wunsch, nach Maßgabe des Kräftebedarfs, auf Staatskosten weiter ausgebildet werden könnten. Die Verfechtung dieser Idee ist nicht neu. Es wurde bereits in einer Broschüre empfohlen, daß geistig vorgeschrittene Schüler aus den unbemittelten Ständen auf Staatskosten ausgebildet werden sollten, und zwar dergestalt, daß die Zahl eine beschränkte bliebe und die Wahl von einer Auslosung abhängig zu machen wäre. Dieser Vorschlag krankte jedoch an seiner Halbheit und an dem nicht zu unterschätzenden Mangel an Gleichberechtigung, die in jenen Fällen zur Unzufriedenheit und zur Verbitterung führen müßte, wo das gleiche Recht durch die zufällige Wirkung der Bedingung verkümmert wird. Keine hochtalentirte Kraft darf verloren gehen. Nachdem aber in der höheren Ausbildung aus Staatsmitteln wegen der verhältnißmäßig bedeutenden Kosten eine Bevorzugung und ein Unrecht gegen Andere erblickt werden könnte, so erscheint die Einführung einer dahin zielenden Norm empfehlenswerth, daß auf Grund einer Vereinbarung zwischen Staatsbehörde, Eltern oder Vormund des Schülers und dem letzteren selbst; die Kosten für die Ausbildung sammt landesüblichen Zinsen später zurückzuzahlen sind; sobald die Erwerbsverhältnisse durch den Beruf solches ohne Schädigung des Betheiligten gestatten. Unter solchen Umständen könnten also nur Todesfälle und Enttäuschungen in der Berufsgestaltung zu staatlichen Opfern führen; das wäre jedoch kein Grund, von der Verwirklichung dieses edelsinnigen und volksthümlichen Reformwerkes abzusehen. Es wäre ein arger Fehler, wenn das geistige Gebiet übermäßig überschwemmt werden sollte. Macht man dasselbe also auf der einen Seite für hervorragende geistige Kräfte zugänglich, so müssen auf der andern Seite die vorwaltenden bereits erwähnten Privilegien betreffs der Militärpflicht beseitigt werden, welche heutzutage mit der geistigen Ausbildung verbunden sind und die natürliche Berufsentwickelung vielfach verhindern. Uebrigens erweist sich fast bei allen Berufsarten eine weitergehende Ausbildung erforderlich, als wie solche durch den gewöhnlichen Schulzwang geboten wird. Auch das ist längst, aber nur theilweise, gewürdigt worden, — die staatlich eingeführten Fortbildungsschulen liefern hierfür den Beweis. Was aber dem Einen dienlich ist, das kann der Andere unter gleichen Verhältnissen nicht entbehren; darum erscheint der allgemeine Fortbildungsunterricht als ein Gebot und eine Pflicht; zumal es sich nicht rechtfertigen läßt, daß die Staatsmittel in so ausgiebiger Weise der höheren wissenschaftlichen Ausbildung zugewendet werden, und zwar mehr zu Gunsten der bemittelten Classe; während die große Menge der heranwachsenden Jugend größtentheils total vernachlässigt wird. Selbst dem gewöhnlichsten Handarbeiter sollte zum Besuch des Fortbildungsunterrichts bis zu einer gewissen Altersgrenze Gelegenheit geboten werden, damit derselbe sich einen Fond solcher Kenntnisse anzueignen vermag, die ihm theils practisch von Nutzen sein und theils ihn zu gesunden Weltanschauungen führen können.

Reformen von so weitgehender Bedeutung erfordern allerdings Vorkehrungen und daher ein Uebergangsstadium. Das letztere sollte sich aber wenigstens so gestalten, daß der Fortbildungsunterricht Jedem zugänglich gemacht wird, dessen Beruf die weitere Ausbildung angemessen und wünschenswerth erscheinen läßt, bis Locale und Lehrkräfte zur allgemeinen Einführung zu Gebote stehen. Es ist ganz selbstverständlich, daß es an Auflehnungen und Einwendungen gegen solche Neuerungen nicht fehlen werde, und zwar in dem Sinne, daß wir nicht so viele gescheidte Leute brauchen können und ein beschränktes Wissen für die Arbeiterschaft eine Wohlthat sei. Solche Argumente bekunden nur den dünkelhaftesten Egoismus und die eingewurzelte Einbildung, daß die Menschen nicht gleichartig und nicht gleichwerthig sein dürfen; daß der Zufall, welcher den Einen bevorzugt und den Andern zurückgesetzt hat, ein selbstverständliches und naturgemäßes Verhältniß bilde und daß die geistige Ausbildung ein Privilegium der bevorzugteren Classe bleiben müsse.

Ein culturreiches Jahrhundert, wie vielleicht kein zweites folgen wird, geht seinem Ende entgegen. Die Errungenschaften sind Gemeingut geworden. Jeder muß von Geburt aus dazu berechtigt sein, Natur und menschliche Cultur in ihrem Wesen und Wirken kennen zu lernen, um an dem weiteren Culturwerke theilnehmen zu können. Der geistige Entwicklungsgang muß nach Möglichkeit unterstützt werden. In dieser Beziehung haben wir uns bis jetzt schwer versündigt; daher uns die Geister der geistigen Selbstemporkömmlinge mit ihrem verblendeten Anhange feindlich gegenüberstehen. Kümmern wir uns um die vernachlässigte Classe; ebnen wir ihnen durch Erziehung und Ausbildung die Wege: so wird die Socialdemokratie in ihrer heutigen Gestalt trotz ungleicher Güterverteilung in

Trümmer gehen und im neuen Jahrhundert wird sie uns als ein Gespenst erscheinen, welches Niemand mehr fürchtet.

12. Religion und Charakter.

In dem Kampfe um die sociale Frage taucht immer wieder aufs neue die Anschauung auf, daß nur in der Religion das wahre Heilmittel für die Volksbeglückung und für die socialen Schäden zu finden sei. In gewisser Beziehung haben die Verfechter dieser Idee recht. Wären alle Menschen streng religiös, würden alle Gebote und Lehren erfüllt, so könnte es keine socialen Wirren in der heutigen Gestalt geben. Denn schon durch die Bethätigung eines einzigen inhaltschweren Lehrsatzes: „Liebe Deinen Nächsten wie Dich selbst" wäre alles Elend behoben. Was dem Einen mangelt, würde der Andere ihm geben, kurz wir befänden uns in den idealsten Verhältnissen. Die Kirche hat es nun aber nicht vermocht, dieses religiöse Gebot zu einer wirksamen Geltung zu bringen. Selbst die treuesten Anhänger der Kirche wissen sich davor herumzudrücken, oder ihre Nächstenliebe auf ein gewisses Maß zu beschränken. Sie glauben mit Frömmigkeit, Beten und Fasten ihre religiösen Pflichten erfüllt zu haben und leben in dem Wahne, daß in dieser einseitigen äußerlichen Religiosität das wahre Heil für die Menschheit zu finden sei. Darbende und arbeitslose Menschen sollen gottergeben und in christlicher Demuth in ihrer beklagenswerthen Lage aushalten; man predigt ihnen vor, wie Christus 5000 Menschen speiste, aber man bringt ihnen kein Brod, damit sie ihr Dasein fristen können. Mit christlichen Ermahnungen ist nichts gethan; handeln wir christlich, wie der Stifter der Religion es gewollt hat, machen wir das sociale Elend verschwinden, so würde allerdings bei der ganzen Volksmasse das Bewußtsein Wurzel fassen, daß die Hülfe ein Werk christlicher Nächstenliebe ist. Die Häupter der Socialdemokratie würden mit ihren Irrlehren tauben Ohren predigen und ihren heutigen Anhang vollständig verlieren. Fragen wir uns aber, ob wir imstande sind, dieses Werk mit Hülfe der Religion zu vollbringen, so kann jeder weitblickende Mensch darauf nur eine verneinende Antwort haben. Schon die confessionellen Ungleichheiten und die daraus entstandenen oft feindselig gearteten Spaltungen bilden ein gewaltiges Hinderniß. Wir übersehen, daß der religiöse Glaube eine ererbte oder uns gleichsam aufgedrungene Lehre ist. Wäre der Papst der Sohn andersgläubiger Eltern gewesen und hätte er sich auch in diesem Falle der Theologie zugewendet, so hätte aus ihm ein eifriger Verfechter des Protestantismus oder ein hervorragender Oberrabbiner werden können. Unsere religiöse Richtung hängt nicht von unserem eigenen Willen, sondern von dem Willen Anderer ab. Wir glauben, besser gesagt, wir sollen glauben, was unsere Väter glaubten. Es ist also lediglich Ansichts- oder Gefühlssache, ob und in welchem Maße wir dasjenige glauben, was wir glauben sollen. Würden uns alle anerkannten Religionsarten gelehrt und stände uns nach erlangter Reife die Wahl frei, so würde wohl auch die wahre humanistische Religiosität mehr zum Ausdruck gelangen.

Natürlich klingt es nach der Auffassung strenggläubiger Menschen sündhaft und vermessen, über eine geheiligte Sache sich in so freisinniger Weise auszusprechen. Diesen verblendeten, dünkelhaften und verbohrten Fanatikern sei zugerufen: Nicht alles ist heilig und göttlichen Ursprungs, was wir glauben sollen, ohne es zu wissen. Es trennt uns in Glaubensfragen nicht der Gottesglaube, sondern das von fehlbaren Menschen geschaffene Wesen der Religion, ihre dogmatische Gestaltung und ihre geschichtliche Darstellung. Die Religionsgeschichte ist unsere Religionslehre; was wir lernen, haben wir im Kopfe; wie weit unser Inneres davon berührt wird, das zeigt sich durch die herrschenden Zustände. Die Wirkungen lassen den Werth erkennen. Erstere sind nicht darnach angethan, uns in dieser gottlosen und sittenlosen Zeitperiode hoffnungsfreudig zu stimmen; dennoch ist keiner Religion eine Wirkungsfähigkeit abzusprechen, wenn sie sich zur Aufgabe machen würde, durch geeignete Lehren die Menschen zu gottähnlichen Wesen zu gestalten, anstatt mit veralteten, zum Theil sagenhaft klingenden geschichtlichen Darstellungen das dafür nicht empfängliche kindliche Gemüth zu erfüllen. „Gottähnliche Wesen", dieser Ausdruck wurde mit besonderer Absicht gewählt, um die Fanatiker und Dogmatiker, welche hinter den geeigneten Lehren sicher die Vernunftreligion wittern, darüber zu beruhigen, daß damit eine religiöse Reformation nicht beabsichtigt ist; wohl aber dem Verfasser der Gedanke vorschwebte, daß die Verwirklichung seiner Ideen ganz von selbst durch die Religion eine Vertretung und Förderung finden wird; wenn auch nicht von jenen Elementen, welche in Selbstüberhebung und Anmaßung ihre Religion als die alleinseligmachende zu erklären und Andersgläubige für verlorene Menschen zu halten pflegen.

Ebenso wie unter Millionen Menschen trotz unserer gleichartigen äußeren Gestaltung kaum zwei Wesen zu finden sind, welche nicht von einander zu unterscheiden wären; ebenso würden unter der gleichen Anzahl kaum zwei Menschen ausfindig zu machen sein, welche sich in ihren Charaktereigenschaften vollständig gleichen. Gleichwie ferner die Körperentwicklung sich in vielen Fällen schon von Natur ganz regelmäßig vollzieht, bei anderen dagegen dieser Zweck nur durch stetige Obhut und Pflege erreichbar ist; so entwickelt sich auch der menschliche Charakter theilweise unbeeinflußt nach den Naturanlagen, theilweise aber nur unter dem Schutze und den Anleitungen derjenigen, denen wir anvertraut sind. Während die Körperentwicklung sichtbar ist und jede Störung zum Einschreiten herausfordert, entzieht sich die Charakterbildung unseren Blicken und unserer Beurtheilung, wenn wir den Verlauf der Entwicklung nicht sorgsam beobachten, Krankheitserscheinungen nicht bekämpfen und zu beheben suchen. In ersterem Falle hilft ein kundiger Arzt; wo ist aber ein Arzt für das letztere Uebel, wenn die Hausmittel nicht ausreichen oder mangeln? Vielleicht auf religiösem Gebiete? Wohl kaum, denn damit ist es, wie die in unserer Zeit vorherrschenden Krankheitszustände darthun, schlecht bestellt. Es fehlt zwar nicht an tüchtigen, einsichtsvollen, geistlichen Aerzten;

die meisten von ihnen wissen jedoch die Diagnose nicht festzustellen, und dann ist auch die Apotheke schlecht: weil alle Krankheiten mit den gleichen Mitteln behandelt werden, deren Wirkung aber oft eine verfehlte ist. Ueberdies ist, wie gesagt, die religiöse Erziehung für die Charakterbildung, wenn auch wohlthätig, jedoch keineswegs ausschlaggebend; denn es giebt charaktervolle Menschen ohne Religion und religiöse Menschen mit scheinheiligem und niedrigem Charakter. Charakterlosigkeit und Charakterschwäche finden wir in allen Ständen ausgeprägt. Wahrhaft edle und unantastbare Charaktere sind eine Seltenheit geworden. Heutzutage nennt man es eine glänzende Leistung, wenn Jemand seinen sonst gleichwerthigen, aber nicht gleichgesinnten Gegner, sei es durch öffentliche Reden oder durch die Presse, geistig zerfleischt oder zermalmt, seine Schwächen an den Pranger stellt, um ihn nach Möglichkeit in Mißcredit zu bringen; heutzutage ist jede Zeitung fad, welche es nicht versteht, die gegnerische Partei mit Gift und Galle zu überschütten; Scandalscenen in öffentlichen Sitzungen gehören fast zum guten Ton; als Genialität wird es bezeichnet, wenn Jemand durch falsche Vorspiegelungen und Uebervortheilung Anderer sich einen Vortheil zu verschaffen weiß. Welche Falschheit und Heuchelei offenbart sich im gesellschaftlichen Verkehr, besonders in den besseren Ständen, beim weiblichen Geschlecht, welches dazu berufen ist, durch die Erziehung der Kinder auf deren Charakter einzuwirken! Hochgestellte Personen entfremden sich wegen Meinungsdifferenzen, sie wissen das Sachliche von der Person nicht zu trennen und sich trotz gegenseitiger Werthschätzung nicht wieder zu finden. Selbsterkenntniß, Selbstbeherrschung, Selbstverleugnung, Friedfertigkeit, Edelsinn, Wohlwollen, Wahrheitsliebe und wie alle die Eigenschaften heißen, welche dem Charakter ein edles Gepräge verleihen, vermögen gegen die denselben verunzierenden Eigenschaften, als Selbstüberhebung, Uebelwollen, Gehässigkeit, Streitsucht und Rechthaberei, Schmähsucht, Lügenhaftigkeit u. s. w. nicht standzuhalten. Das bekannte Beispiel vom Splitter und Balken war vielleicht nie zutreffender, als in unserer gegenwärtigen Zeit. Wie wird uns aber

erst zu Muthe, wenn wir uns die strafbare, charakterlose Nichts=
würdigkeit, welcher menschliche Geschöpfe fähig sind, vor Augen
halten und wenn wir uns sagen müssen, daß es vielleicht nur
einer angemessenen Pflege bedurft hätte, um diese Menschen
wenigstens zum größten Theil für die achtungswerthe menschliche
Gesellschaft zu retten? Angemessene Charakterpflege, das ist der
wichtige Factor, welcher bei der Erziehung und Heranbildung
unserer Jugend vielzuwenig Würdigung gefunden hat, sowohl
im häuslichen Kreise, als auch in Schule und Kirche. Was
wir im Leben ausüben sollen, müssen wir gründlich lernen, be=
sonders wenn es an natürlichen Anlagen mangelt. Ebenso
wie es nicht genügt, Jemanden zu heißen: Du sollst schreiben,
lesen oder rechnen, falls er es nicht gelernt hat, ebenso genügt
auch nicht das einfache Gebot: Du sollst Nachsichtigkeit, Recht=
lichkeit, Selbstbeherrschung, Dankbarkeit, Wahrheitsliebe, Fried=
fertigkeit u. s. w. üben, ohne die Eigenschaften in ihrer ganzen
Bedeutung zu zergliedern und sie in allen Fasern durch Bei=
spiele anschaulich und für das Gemüth empfänglich zu machen.
Der Charakter offenbart sich durch Eigenschaften. Das Wie
hängt von der menschlichen Natur oder von der Einwirkung
Anderer ab. Diese Einwirkung darf nicht nur in der einfachen
Eigenschaftsbezeichnung bestehen, sondern es muß derselben eine
gründliche Erklärung und Belehrung folgen. Unabhängig von
der religiösen Richtung muß in der Schule eine Sittenlehre
eingeführt werden in dem Sinne, daß alle wie immer Namen
habenden Eigenschaften, welche den Charakter veredeln oder ver=
unzieren, in ihrer vollsten Bedeutung, in feinfühliger und faß=
licher Weise und in passender Reihenfolge, zum Gegenstande der
Belehrung gemacht werden. Fragen wir heute halbgebildete
Menschen nach der Bedeutung oder Bethätigungsart verschie=
dener Charaktereigenschaften: Seelengröße, Selbstverleugnung,
Selbstlosigkeit, Edelmuth, Duldsamkeit, Zartgefühl u. dgl., so
wird man selten eine zutreffende Antwort hören. Wir ver=
langen von der arbeitenden Classe Friedfertigkeit, Genügsamkeit,
Rechtlichkeit, Bürgertugend, Arbeitssinn u. s. w., wir haben
ihnen aber nicht gelehrt, daß sie diese Eigenschaften so ausüben

sollen, wie wir es verlangen. Verstockte Gemüther unterdrücken
sogar jedes ihnen angeborene bessere Gefühl. Charaktergröße und
Charakterfestigkeit bilden die Grundpfeiler für eine gedeihliche
Entwicklung und Gestaltung der Menschenrechte. Wissen und
Können ernährt uns, ein lauterer Charakter ehrt uns, religiöser
Sinn bekehrt uns.

―――――

13. Ueber die Rechts- und Steuerverhältnisse.

„Gewalt geht vor Recht." „Gesetz geht vor Recht." „Die
Kleinen hängt man und die Großen läßt man laufen." Jeder
dieser Aussprüche verletzt das Rechtsgefühl. Jede Rechtsver-
letzung beeinträchtigt die Achtung und bringt eine demoralisi-
rende Wirkung hervor, besonders in jenen Fällen, wo das Unrecht eine gesetzliche Begründung findet. Wir wollen nicht erörtern, welche Unmenschlichkeiten und Grausamkeiten in früherer
Zeit auf Grund sogen. geheiligter Rechte verübt worden sind,
welche gewaltthätige Kriege, nicht um des Rechtes willen, sondern des Interesses halber heraufbeschworen worden. Wir
wollen auch nicht die Ränke und Kniffe beleuchten, welche in
der höheren Politik gäng und gäbe sind, um dem Interesse zum
Rechte zu verhelfen; wir können uns aber nicht enthalten, über
die heute vorwaltenden Rechtszustände im öffentlichen Leben
eine Kritik zu üben, soweit dieselbe den Rechtsbegriffen zuwider
laufen.

Ueber das Recht entscheidet das Gesetz und vor dem Gesetze sind alle Staatsbürger gleich. Das ist sehr schön gesagt;
es ist aber bedauerlich, wenn man in Rechtsfragen, wie es
thatsächlich vorzukommen pflegt, zur Antwort bekommt: Für
jeden einzelnen Fall läßt sich kein Gesetz schaffen, das Begehren
muß in Ermanglung einer gesetzlichen Bestimmung zurückge-
wiesen werden; oder: dem gestellten Anspruche ist eine Berechtigung nicht abzusprechen; jedoch steht derselbe im Widerspruche
mit einem Gesetzesparagraphen und könnte die Bewilligung nur
im Gnadenwege erwirkt werden. Verfolgen wir den behörd-

lichen Instanzenweg, so ist immer nur der todte Buchstabe des Gesetzes, niemals aber das Rechtsgefühl maßgebend. Selbst der höchste Gerichtshof stützt seine Entscheidungen nur auf gesetzliche Gründe. Rechtswissenschaft und Rechtspflege sind heute gleichbedeutend mit Gesetzeskunde und Gesetzeshandhabung, die Rechtswirkung ist jedoch in manchen Fällen eine solche, daß man sich fragen muß, ob man sich in einem Rechtsstaate befindet. Unsere Rechtsvertreter benützen das Gesetz nur, um daraus das Recht zu beweisen oder um das letztere auf den Kopf zu stellen. Für Rechtsgefühle sind dieselben nicht empfänglich, weil diese nur illusorische Wirkung haben. Ein wahres Glück ist es, daß die Justizpflege eine Ausnahme bildet, daß wir Geschwornengerichte besitzen und für Schuld oder Unschuld Angeklagter allein das Rechtsgefühl in Betracht kommt.

Gehen wir weiter. Ist ein Rechtszustand darin zu erblicken, wenn ein Referent oder ein Sachverständiger als ausschlaggebend für eine wichtige Entscheidung erachtet werden; wenn Dienstesbeförderungen von einer einzigen Person, leichte Militärbestrafungen von einem einzigen Officier und Aufsteigungen der Schüler in eine höhere Classe oft von einem einzigen Lehrer abhängen? Blicken wir um uns, so werden wir in allen Verhältnissen die Wirkungen des persönlichen Wohlwollens und der persönlichen Abneigung finden. Ueberall wuchert das Protectionswesen, dem Groll und Verbitterung über ungleiche Behandlung und Zurücksetzung gegenüberstehen. Alles beruht auf gesetzlichen Bestimmungen. Bei aller Achtung für unsere Volksvertreter läßt sich jedoch die Thatsache nicht hinwegleugnen, daß bei Gesetzesberathungen die Rechtsfrage oft nebensächliche Beachtung findet und nur die Interessen in den Vordergrund gestellt werden. Manches nur den letzteren dienende Gesetz kommt zustande, wenn damit die Durchbringung sonstiger Vorlagen zu Gunsten anderer Interessen gesichert erscheint. Man nennt dies Schacherpolitik. Die sogen. Parteidisciplin gebietet die Abstimmung nach Maßgabe des Parteibeschlusses, also oft gegen die eigene Ueberzeugung. Stimmenthaltungen sind nichts seltenes, obwohl anzunehmen ist, daß es an einer persönlichen Meinung über das Für und Wider nicht mangelt. Wie soll nun die Rechtswirkung sein, wenn auf diese Weise Gesetze zustande kommen!

Vornehmlich gelangt die Rechtsverwirrung auf dem Steuergebiete zum Ausdruck. —

Alle anerkannten Bedürfnisse müssen befriedigt werden, also auch das staatliche Geldbedürfniß. Vom rechtmäßigen Standpunkte sollte man nun annehmen, daß dieses Geld vom vorhandenen Gelde, also von jenen Staatsbürgern oder aus solchen Mitteln aufzubringen ist, wo das eigene Bedürfniß nicht darunter leidet; daß also die Steuerkraft sich nach den vorhandenen Mitteln richtet; die Steuerleistung sich progressiv steigert, jemehr Ueberfluß vorhanden ist. Wie verhält sich jedoch dieser Rechtsgrundsatz zur Art und Weise der Steuereinhebung? Ersterer ist nahezu Nebensache geworden: man hat einfach Steuerobjecte geschaffen, ohne nach der Steuerfähigkeit der Personen oder darnach zu fragen, ob diejenigen, welche die Steuerobjecte besitzen oder benützen, sich auch in vollem Besitze befinden; ob sie in der finanziellen Lage sind, für die Benutzung zu den Staatsbedürfnissen beizutragen. Zölle und Steuern für Consumartikel, Wohnungssteuer, Stempel und Gebühren werden, wenn auch indirect, von der allerärmsten Classe im gleichen Verhältnisse wie von den wohlhabendsten Leuten eingehoben. Steuern müssen bezahlt werden, wenn sich Jemand in bankerotten Verhältnissen befindet; es wird kein Unterschied gemacht, ob eine alleinstehende Person von einem Einkommen herrlich und in Freuden leben kann, oder ob ein Familienvater mit dem gleichen Einkommen sich einschränken oder darben muß. Das Steuerobject wurde geschaffen, unbekümmert um die Rechtsfrage, ob der Eine die Steuer von seinem Ueberflusse bezahlt, der Zweite sich dafür eine Annehmlichkeit des Lebens versagt, der Dritte sie vom Munde absparen muß und der Vierte sie gar nicht bezahlen kann. Das sind reine Nebenumstände. Das Gesetz ist unerbittlich: wer nicht zahlen kann, dem wird das Letzte gewaltsam genommen, ohne Rücksicht auf anderweitige Verpflichtungen; da die gesetzlichen Ansprüche den rechtlichen Ansprüchen vorgehen. Welche Zustände treten uns vor Augen, wenn wir uns das Verhältnis zwischen der Steuerleistung der wenig oder gar nicht bemittelten und der im Ueberfluß schwelgenden Classe vergegenwärtigen? Der Beleuchtungsstoff der unteren Stände, nämlich das Petroleum, ist besteuert; die Luxusbeleuchtung mit Gas und elektrischem Licht ist steuerfrei. Bier und Branntwein sind besteuert, letzterer sogar sehr hoch; die inländischen Weine sind fast steuerfrei. (Die wohlthätige Wirkung der hohen Branntweinsteuer kann hier nicht in Betracht kommen, weil sich der Consum durch andere Maßnahmen einschränken läßt.) Greller noch gestalten sich die Verhältnisse bei der directen Steuer, wofür nachfolgende Beispiele den Beweis liefern mögen. Ein Kleingewerbetreibender hat sich durch Fleiß und Sparsamkeit nach einer Reihe von Jahren ein paar Tausend Gulden erübrigt; natürlich unter ordnungsmäßiger Entrichtung der Erwerbs- und Einkommensteuer. Er findet den Muth, bei einer geeigneten Gelegenheit ein Haus für 10000 fl. zu kaufen, worauf er 2000 fl. anzahlt und den übrigen Betrag zu verzinsen und in Raten abzuzahlen sich verpflichtet. Eigentlich gehört ihm also unter diesen Umständen nur ein Fünftel des Hauses, die Steuer dafür muß er jedoch allein bezahlen.

Anstatt daß sich seine Erwerbsverhältnisse verbessern, verschlechtern sie sich nach und nach in dem Maße, daß nach Verlauf von zehn Jahren sein Besitz zwangsweise verkauft wird und er als armer Mann dasteht. Ist nun auch nicht zu verkennen, daß der Betreffende ein bedeutendes Wagniß unternommen hat, so liegt doch das Widersinnige darin, daß er bei dem höchsten Hauszinssteuersatze in Oesterreich in dem genannten Zeitraume mehr Steuern gezahlt haben kann, als was sein ganzer ursprünglicher Besitz betrug.

Ein reicher Privatier miethet eine Villa; er verbraucht jährlich 5—10000 fl., Steuer zahlt er jedoch keine, weil er seine Mittel steuer- und gebührenfrei hypothekarisch sichergestellt hat.

In der Zeitung lesen wir, daß ein Großindustrieller nach

seinem Tode 10 Millionen hinterlassen hat. Mit nur geringen Mitteln hatte er seine geschäftliche Laufbahn begonnen. Man sollte nun denken, daß er die erworbenen 10 Millionen und die zu seinem Lebensunterhalt aufgewandte Summe versteuert haben müßte. Aber keine Spur! Es fragt und forscht auch Niemand darnach. Sein Name wird mit Lobpreisungen überschüttet; vielleicht waren ihm Orden und Ehrenstellen beschieden; jedoch die Steuer, welche er nach den Rechtsbegriffen im Verhältniß zum kleinen Steuerträger oder überhaupt von seinem Einkommen zahlen sollte, hat er bei weitem nicht bezahlt.

Ein wohlsituirter Herr, welcher sich in der Sommerfrische befindet, reiste plötzlich infolge eines Telegrammes auf einen Tag nach seinem Wohnort. Als Grund gab er an, daß eine Verwaltungsrathssitzung stattfinde, bei welcher er zwar nichts zu thun habe, jedoch nicht fehlen dürfe, weil der Verlust der Präsenzmarke einen Tantièmeentgang von nahezu 1000 M. für ihn bedeute. Es giebt Verwaltungsräthe, welche alljährlich kolossale Summen ohne eigenes Risico und ohne nennenswerthe Thätigkeit einstecken. Dieses gleichsam gefundene Geld könnte mit einer extrahohen Steuer belegt werden. Die Glücklichen zahlen jedoch nichts, weil der Gesammtgewinn vom Unternehmen versteuert wird. Der Beamte desselben Unternehmens, welcher jahraus jahrein für dasselbe thätig sein muß, kaum den fünften Theil einer Verwaltungsrathstantième an Gehalt erhält, zahlt natürlich Steuern hierfür; wenn ihm dieselbe nicht durch die Großmuth des Verwaltungsraths — nicht etwa aus der eigenen Tasche, sondern aus den Mitteln des Unternehmens — ersetzt wird. Daß die Verwaltungsrathspfründen in der Regel den reichsten Leuten zufallen, sei nur nebenbei erwähnt.

Ein pfiffiger Speculant kauft einen großen Grundcomplex, welcher nach seiner Meinung in einer Reihe von Jahren zu Baugründen geeignet sein dürfte. Er sieht sich nicht getäuscht. Fast das Zehnfache des Kostenpreises, u. z. mehr als 100000 fl., waren sein Profit. Von Steuern für diesen ohne Mühe erzielten Nutzen spricht kein Mensch. Er hat ja Grundsteuer gezahlt, wie sie für jeden Grund und Boden eingehoben wird, auch wenn kein Kapitalgewinn dabei herauskommt.

Genug der Beispiele! Sie reden eine deutliche Sprache und beweisen, daß, während früher ein Theil der Menschheit für die reichen Leute Frohndienste leisten mußte, jetzt eine nicht geringe Zahl in bescheidenen Verhältnissen lebender Menschen für die reichen Leute die Steuern aufbringen muß. Haben wir den Frohndienst abgeschüttelt, so muß auch an das unsinnige und ungerechte Steuerwesen der Gegenwart die Axt gelegt werden.

Die Steuern müssen nach beurtheilungsfähigen Grundlagen eingehoben werden u. z.

1.) nach dem Lebensaufwand, sobald derselbe eine eingeschränkte bürgerliche Lebensweise überschreitet, mit folgender Classificirung: a. luxuriöse Lebensweise; b. vornehme Lebensweise; c. gut bürgerliche Lebensweise; d. bürgerliche Lebensweise.

2.) nach der Vermögenszunahme gegen das Vorjahr unter Abschätzung der Realitäten von 5 zu 5 oder von 10 zu 10 Jahren, bei progressiver Steigerung eines dreiclassigen Steuersatzes: a. für den Thätigkeitsgewinn; b. für den Zinsengewinn und eine etwaige Nutzung bei Veräußerung von Realitäten gegen den letzten Schätzungswerth; c. für den Glücksgewinn, zu welchem letzteren auch die Verwaltungsrathstantièmen gehören müssen.

Unrichtige Vermögenseinbekenntnisse sollten zur wirksamen Erzielung eines rechtlichen Gebahrens die Beschlagnahme des verheimlichten Vermögenstheiles zur Folge haben; ebenso sollten zur Ausübung einer geeigneten Controle alle Erbschaftsregulirungen unter behördlicher Mitwirkung erfolgen.

Alle anderen Steuerarten, alle nicht zum Schutze der Landwirthschaft und der Industrie nothwendigen Zölle sollten abgeschafft werden; ebenso alle Stempelgebühren, mit Ausnahme der Erbschaftsgebühr — schon um die Vereinfachung des gegenwärtig complicirten und kostspieligen Einhebungsapparates zu ermöglichen. Die Erörterung der Stempel- und Gebührenfrage in allen Einzelheiten würde zu weit führen. Im höchsten Grade widersinnig ist es jedoch, wenn ein Schuldner für die Ausstellung eines Wechsels Stempelkosten tragen muß, und wenn eine Waarenrechnung gestempelt sein soll, wo man doch nicht einmal weiß, ob man zu seinem Gelde kommt; wogegen der Baarverkäufer von der Stempelpflicht für seinen Waarenumsatz befreit ist.

Im Allgemeinen zielen diese vorgeschlagenen Reformen, wie leicht zu erkennen ist, auf eine staatliche Rechtsgebahrung hin. Nicht nur im Steuerwesen, sondern in allen anderen Fragen muß das Rechtsgefühl in erster Reihe zum Ausdruck kommen. Es ist kein Recht, sondern ein Gewaltact, dort etwas zu nehmen, wo es mangelt oder nicht vorhanden ist, und Andere zu schonen. Ebenso wird das Recht mit Füßen getreten, wenn bei behördlichen Entscheidungen das Rechtsgefühl dem todten Gesetzesbuchstaben weichen muß. Wo immer die Bedürfnisse und Interessen eine Durchführungsform erheischen, muß zu allererst der Rechtsstandpunkt in Frage kommen. Rechtssectionen sollten in allen Körperschaften gebildet werden. Entscheidungen müssen sowohl nach dem Gesetz als auch nach der persönlichen Rechtsauffassung begründet und nur das Recht darf geschützt werden, wenn es sich um einen Widerspruch oder um einen unvorhergesehenen Fall handelt. Die Lösung der socialen Frage ist nur in einem tief eingewurzelten Rechtsbewußtsein zu finden. Daran mangelt es auf allen Gebieten.

Schaffen wir also anstatt eines scheinbaren oder papiernen Rechts wirklich unantastbare Rechtszustände.

---

14. Der Antisemitismus.

Für alle in der menschlichen Gesellschaft heutzutage obwaltenden Schäden und Gebrechen muß es eine Ursache geben und für die Ursache muß man ein tiefes Verständniß besitzen, wenn man die Wirkungen beseitigen oder abschwächen will.

Wir laboriren vorläufig noch an der Ergründung und Feststellung der Ursachen, und nachdem schon so manches Heilsame geschehen ist, ohne damit die erhoffte Wirkung zu erzielen, so kann die verfehlte Wirkung nur auf die verkannte Ursache zurückzuführen sein. Findige Köpfe haben nun herausgeklügelt, daß an der ganzen Weltmisère die Juden schuld sind. Wenn diese Weltverbesserer, anstatt mit der Fackel der Zwietracht herumzufuchteln, den Standpunkt vertreten würden, daß Demoralisation und Corruption das Grundübel unserer heutigen Zustände bilden und daß gewisse jüdische Elemente daran unverkennbar hervorragenden Antheil haben, so wird schwerlich jemand, selbst kaum der anständige Jude, anstehen, dieser Anschauung beizupflichten. Schwer gefehlt und unverantwortlich ist es jedoch, über die gesammte israelitische Gemeinschaft den Stab zu brechen, und die sogenannte unterdrückte urtheilsunfähige Volksmasse gegen dieselben aufzuhetzen. Auch im Judenthum giebt es ehrenwerthe Charaktermenschen und es sind ihrer nicht so wenige, als man gemeiniglich glaubt; daher jeder reingesinnte Mensch die Judenhetze oder den Rassenkampf als verwerflich und widersinnig erklären muß.

In vielen Beziehungen kann die eigenartige jüdische Natur, die geistige Strebsamkeit, im Verein mit der Lebensgestaltung, nur lehrreichen Stoff und nachahmenswerthe Wahrnehmungen für uns bieten, ja auch beschämend auf uns wirken. Wo finden wir die Sparsamkeit und die Zurückgezogenheit vom Weltgetriebe so ausgeprägt, wie beim nicht reich bemittelten Juden? Können wir uns im Allgemeinen einer solchen Kindererziehung und eines so innigen Familienlebens rühmen, wie wir es beim Juden beobachten, trotzdem bei der Eheschließung die Herzensfrage nicht immer die größte Rolle spielt? Ist es ihm zu verargen, wenn er in seiner Lebensweise nicht ausartet, während Andere die Nacht zum Tage machen und ihr Geld verprassen? Bildet es nicht ein nachahmenswerthes Beispiel für uns, wenn wir sehen, daß die Frau den Mann in seinen Berufspflichten unterstützt und auch die Kinder frühzeitig dazu angehalten werden? Ist die gebräuchliche Baarmitgift der heirathsfähigen Töchter nicht eine dankenswerthe Zugabe und vermögen wir uns zu rühmen, daß wir im Allgemeinen unsern betagten Eltern Liebe und Fürsorge in solchem Maße zuwenden, wie es beim Juden heilige Pflicht zu sein scheint? „Gehet hin und thut desgleichen!" könnte man den Andersgläubigen zurufen, wenn wir uns diese Lichtseiten vergegenwärtigen. Sie werden aber zum Theil gewaltig verdunkelt durch Schattenseiten, welche die Stammesfeindschaft theils hervorgerufen haben, dieselbe theilweise nicht unberechtigt erscheinen lassen, und worunter der makellos dastehende Jude leiden muß. Ein tiefer Sinn liegt darin, wenn man einen der letzteren um eine Auskunft über einen Glaubensgenossen befragt und die Antwort dahin lautet: „Lassen Sie sich mit dem Manne nicht ein, er ist ein schmutziger Jude." Nur von dieser Gattung anmaßender oder verfehmter Juden kann also die Rede sein, wenn wir im Nachfolgenden ein kurzgefaßtes Sündenregister entrollen.

Zwischen christlichem und jüdischem Proletariat waltet insofern ein himmelweiter Unterschied ob, als ersteres gewohnt oder gezwungen ist, sich der körperlichen Arbeit zu unterwerfen; während die fragwürdigen jüdischen Existenzen sich, wenn möglich, ohne körperliche Anstrengung, die ihnen ein Greuel zu sein scheint, durchzubringen suchen; was ihnen um so leichter wird, als dieser Secte das Geschick oder ein gewisses Raffinement in der Ausfindigmachung von Erwerbsquellen und deren Ausnützung nicht abzusprechen ist. Die Mittel zum Zweck und die geschäftliche Gebahrungsweise sind nun keineswegs immer solchergestalt, daß dieselben vom moralischen Standpunkte gutgeheißen werden könnten, und diese Wahrnehmung machen wir auch vielfach in sogen. besseren Kreisen, wo die im Trüben fischenden blutsaugerischen Elemente wie Wölfe in Schafspelzen einhergehen und auf der Lauer nach Beute liegen, oder in gemeinschaftlicher Handhabung unter dem Schilde der Reellität das Publikum ausbeuten. „Kaufen Sie, meine Herrschaften," hören wir den Hausirer einen Gegenstand hinhaltend, ausrufen, „bestes Fabrikat, für einen Gulden. Kostet mich, bei Gott, selber mehr." Wenn er keinen Dummen findet und es dazu kommt, verkauft er den

Gegenstand für 50 kr. und lacht sich womöglich noch ins Fäustchen. Das ist eine echt jüdische Manier. Ebenso die pomphaften Geschäfts- und Waarenanpreisungen, als: „Erster Wiener Modebazar," „Bankgeschäft Fortuna," „Größtes Waarenlager" oder „Billigste Einkaufsquelle im Ort," „Seltene Gelegenheit zur billigen Versorgung," dann „Anbote unter dem Einkaufs- oder Fabrikpreise," „Zu noch nie dagewesenen Preisen," „Unübertroffene Qualität," „Bestes Fabrikat der Welt," „Nur allein echt zu haben bei . ." u. s. w. Mit solchen Mitteln wird dem Publicum Sand in die Augen gestreut. Findet sich Jemand durch unreelles Gebahren geschädigt und weist er dem jüdischen Lieferanten die Thür, so kann er fast sicher darauf rechnen, daß derselbe zur andern Thür wieder hereinkommt.

Das wäre alles noch zu übersehen, wenn nicht mancherlei strafwürdige Handlungen ein düsteres Bild böten. Der Lump, welcher gestohlen hat und das gestohlene Gut beim Juden für den 10. Theil des Werthes anbringt, kann darüber beruhigt sein, daß ihm kein Haar gekrümmt wird, weil der Käufer so „ehrenwerth" ist, ihn nicht zu verrathen und nach dem Ursprung der Gegenstände zu fragen. Der Jude ist auch ein „Menschenfreund." Er borgt, wo sich keine andere hilfreiche Hand findet, ohne seine edle That an die große Glocke zu hängen; er prolongirt, solange diese Wohlthat belohnt wird und Sicherheit vorhanden ist. Er hilft dem Bedrängten seinen Besitz veräußern; kurz er ist sein „treuer Freund" bis zu seinem finanziellen Tode, und falls er Geld verliert, so weiß man nicht, ob es nur Zinsen sind oder ob auch etwas Kapital dabei ist. Der Jude gleicht sich mit seinen Gläubigern aus, um ein Geschäft dabei zu machen; gelingt es ihm nicht, so dienen die Ehepakten dazu, um die Gläubiger zu schädigen, indem das Geschäft auf einen andern Namen übergeht. „Blutsauger! Menschenähnliche Hyänen und Tiger!" könnte man ausrufen, wenn man dem haarsträubenden wucherischen Treiben näher tritt und über alle die Spitzfindigkeit und Hinterlist, welcher menschliche Naturen nur fähig sind, ein klares Bild gewinnt. Das Widersinnige, Frappirende und Empörende bei der Sache ist jedoch, daß auch der gemeinste, solcher Handlungen fähige Jude streng religiös ist und seine Religiosität sogar soweit treibt, daß er nicht nur den Sabbath und die Feiertage streng einhält und sich am Gottesdienst betheiligt, sondern an einem derartigen Tage um keinen Preis die Feder in die Hand nimmt, um eine geschäftliche Handlung zu vollziehen. Diese Thatsache läßt sehr tief blicken und berechtigt zu dem Schlusse, daß die aufgetauchte und durch den Talmud nachzuweisende Behauptung nicht unbegründet ist, daß nach religiösen Satzungen Andersgläubigen gegenüber die Moral nicht geübt zu werden braucht. Es dürfte doch wohl nachzuweisen sein, ob sich dies in Wirklichkeit so verhält, und erscheint diesfalls ein energisches Einschreiten des Staats gegen solche die Volkswohlfahrt beeinträchtigende Lehren gewiß dringend geboten. Im Uebrigen wollen wir uns durchaus nicht reinwaschen. Es fehlt auch nicht an christlichen Missethätern, die zwar die Religion an den Nagel gehängt haben, sich auf Schwindeleien und Volksausbeutung jedoch ebenso gut verstehen, als der gebrandmarkte Jude.

Man muß also das Thun und Treiben der ganzen corrumpirten Sippe, ob jüdischer oder christlicher Confession, bekämpfen, namentlich in dem Sinne, daß

1. Das Hausirwesen in Städten untersagt wird und auf dem Lande nur gut beleumundeten Individuen gestattet ist;

2. Geschäfts- und Waarenanpreisungen, deren Begründung sich nicht nachweisen läßt und deren Art geeignet ist, die Bevölkerung zu täuschen und andere gleichartige und gleichwerthige Concurrenzartikel herabzuwürdigen, nicht geduldet werden;

3. angekaufte gestohlene Waaren und Gegenstände ohne Entgelt zurückzugeben sind, wenn der Verkäufer nicht nachgewiesen werden kann, und daß ferner über Trödler und Altmaterialgeschäfte eine gewisse Aufsicht ausgeübt wird;

4. für Darlehen ein Maximal-Zinsfuß festgesetzt wird, der unter keinen Umständen überschritten werden darf; daß nachweisbare Zuwiderhandlungen strafbar sind, natürlich auch in dem Falle, wenn der Wuchergewinn vom Darlehen bei der

Bezahlung in Abzug gebracht sein oder als Vermittlergebühr dargestellt werden sollte.

Der Antisemitismus in seiner heutigen Gestalt ist lediglich ein Auswuchs des Rassenhasses und eine Frucht der angefachten Leidenschaften. Bekämpfen wir die Corruption im Allgemeinen, so werden davon auch diejenigen Juden betroffen, deren Gebahren den Antisemitismus berechtigt erscheinen läßt.

15. Die Prostitution.

Auch dieses Thema muß berührt oder wenigstens gestreift werden, so unerquicklich es auch ist. Lesen Sie, meine geehrten Leser, Bebels Werk „Die Frau," so werden Sie darin ganz treffliche Darstellungen der heutigen Zustände finden. Dem Verfasser widerstrebt es, diese in allen Details ans Licht zu ziehen, zumal derselbe voraussetzt, daß es an einem Verständnisse für diese bedeutungsvolle Frage nicht mangeln werde.

Gehen wir also mit einem Gedankenstriche über die Einzelheiten hinweg und beschränken wir uns auf allgemeine Begriffsanschauungen. Die Natur gewährt Rechte und Triebe, die sich zum Bedürfniß gestalten, wenn die Gelegenheit gesucht oder geboten wird. Das Bedürfniß kann also verhindert oder unterdrückt werden, wenn wir nicht daran denken, uns anderweitig beschäftigen oder unterhalten, und es kann mit unwiderstehlicher Gewalt hervortreten, im Fall der Naturtrieb angefacht wird. Aus dem gesellschaftlichen Verkehr der beiden Geschlechter ergiebt sich nicht immer ein Bedürfniß. Wir besuchen Bälle, Theater, Concerte; kommen besonders bei ersteren in nahe Berührung mit dem anderen Geschlechte, ohne dabei eine geschlechtliche Regung zu empfinden. Warum? Weil wir uns in anständiger Gesellschaft bewegen. Begeben wir uns in andere Kreise, wo die weiblichen Tugenden fragwürdigen Charakters sind, so sehen wir den Dämon der Verführung von weiblicher Seite oft in widerlicher und schamloser Weise walten, denn wir nur durch

Abscheu oder Grundsatz zu widerstehen vermögen. Liebe, Sinnlichkeit, Leidenschaft, Leichtsinn, Verführung, Lebensweise und Ehelosigkeit oder Ehehindernisse werden in geschlechtlicher Beziehung stets eine Rolle spielen und ungesehene Gefühlsausbrüche lassen sich nicht verhindern; was man aber verhindern kann, das sind die gemeinen Ausartungen, welche aller Menschenwürde Hohn sprechen, den geschlechtlichen Verkehr zum Gewerbe gestalten und den Grundsatz auf den Kopf stellen, daß jeder Mensch auf anständige Weise sein Brod verdienen soll.

Die Gelegenheit weckt das Bedürfniß. Wird erstere gesucht oder ergiebt sich dieselbe aus dem persönlichen Verkehr, so entzieht sich die Ausnützung fast ausnahmslos jeder Beobachtung und keine Macht der Erde ist imstande, dagegen wirksam einzugreifen. Etwas anderes ist es jedoch, ob die Gelegenheit in der Weise geboten werden muß, wie es sich nach und nach, namentlich in größeren Städten, eingebürgert hat; ob also die gewerbliche Unzucht und der öffentliche Charakter derselben geduldet werden muß. Was hierfür spricht, läßt sich vom Standpunkte der Sittlichkeit und der Menschenwürde zehnfach widerlegen. Die Gelegenheit ist durch bekannte Oertlichkeiten geboten; der Reiz der Gelegenheit bildet die Anziehungskraft, und was daraus folgt, das nennt man „Bedürfniß." Könnte dem letzteren thatsächlich nur auf diese Weise Rechnung getragen werden, so müßte naturgemäß die Vorsorge hierfür in allen Orten ohne Ausnahme Duldung finden. Das ist jedoch nicht der Fall. Wir finden in einzelnen Ländern sogar größere Städte, wo allgemein bekannte Gelegenheiten nicht vorhanden sind. Folglich trifft hier die Annahme zu, daß das Bedürfniß nicht hervortritt oder unterdrückt wird, weil es an der Gelegenheit mangelt; wobei allerdings die Existenz mannigfacher geheimer Beziehungen gern zugegeben wird. Es ist nun nicht zu leugnen, daß der verborgene Charakter der letzteren insofern der Sache gleichsam einen anständigen Anstrich verleiht, als die weibliche Entartung und die gewerbliche Unzucht nicht öffentlich hervortritt.

Solche Verhältnisse sollten uns zum Vorbild dienen, denn

nur die heutigen entwürdigenden schamlosen Zustände, die offenkundige, aufdringliche, gewerbsmäßige Gelegenheitsdarbietung sind zu verurtheilen und sollten daher nicht geduldet werden. Wer Anknüpfung sucht, wird sie mit Mühe und Kosten wohl auch finden; sich jedenfalls aber seiner Handlung mehr bewußt werden, weil ihn die Verantwortlichkeit für die Folgen trifft, welche man heutzutage allenfalls nur in gesundheitlicher Beziehung in Erwägung zu ziehen pflegt. Wem die Ehe versagt ist, der kann nicht zur Enthaltsamkeit gezwungen werden, wenn ihn nicht seine eigenen Lebensgrundsätze dazu veranlassen. Der Staat hat aber nicht die Verpflichtung, die Ehelosigkeit durch Duldung öffentlicher Häuser und Sammelplätze zu fördern, sondern dessen Aufgabe besteht darin, auch in sittlicher Beziehung auf staatliche Ordnung zu halten und darüber zu wachen, daß geschlechtliche Verkommenheit und Sittenlosigkeit den Augen der Welt verborgen bleiben und daß die lasterhafte gewerbsmäßige Ausübung verhindert werde. Wollen wir die Menschheit von den socialen Uebeln befreien, so muß auch der Schandfleck der vorherrschenden weiblichen Entartung und Versumpfung auf diesem Gebiete beseitigt werden. Die Prostitution läßt sich durch sittenpolizeiliche Maßnahmen zwar bekämpfen, einschränken und überwachen, jedoch nicht beseitigen; wohl aber das jetzige Wesen der Prostitution durch Aufstellung und zwangsweise Durchführung des Grundsatzes, daß jeder Mensch auf anständige Weise für seinen Lebensunterhalt zu sorgen habe.

16. Die Volksvertretung.

Es ist selbstverständlich, daß wir nicht in den Tag hineinleben, nicht jeden Menschen seinem Schicksale überlassen können; daß der Haushalt im Kleinen nicht genügt, um alle Lebensverhältnisse zu regeln, und daß die Volkswohlfahrt, namentlich aber die Berufsentwicklung und die Berufsinteressen, schutzbedürftig sind und eine Vertretung nach außen erheischen; welcher also die Aufgabe obliegt, den Volkshaushalt in seiner Zusammengehörigkeit zu leiten und zu überwachen. Das Staatswesen ist es sonach, welchen die nachfolgenden Erörterungen zu gelten haben. Was in dieser Beziehung die Socialdemokratie anstrebt, nämlich die Verschmelzung aller Völkerstämme und die Selbstverwaltung aller staatlichen Institutionen, kann nur zum Theil unsern Beifall finden, so volksthümlich eine derartige Reform auch erscheinen mag. Bestehendes zu ändern, ist leicht, wenn die Hindernisse ohne Nachtheil zu überwinden sind. Die bestehenden Staatsformen beruhen auf anerkannten Rechten; Niemand wird diese Rechte preisgeben, wenn sie nicht gewaltsam genommen werden. Erwägen wir aber die Consequenzen einer gewaltsamen Beseitigung der gegenwärtigen Staatengebilde, so hieße es die eigene Haut zu Markte tragen und unsere Existenz untergraben, wenn wir daran rütteln wollten. Thorheit wäre es, das Unerreichbare als Ziel der Socialreform ins Auge zu fassen; zumal in der Beibehaltung der Staatengruppirung und in der Form des Staatswesens kein Hinderniß bezüglich der Lösung der socialen Frage erblickt werden kann, wenn, was allerdings gerechtfertigt erscheint, die Volksrechte nicht eingeschränkt, sondern im gebührenden Maße gewürdigt werden; wie es z. B. heute in England trotz aller Mängel in der Organisation der Fall ist. Die Volksvertretung ist zur Geltendmachung und zur Wahrung der Volksinteressen berufen. Sie ist gebildet aus den Vertretern des Großgrundbesitzes, der Handelskammern, der Curien der Städte und Landgemeinden. Welche Anforderungen stellen wir heutzutage an unsere Volksvertretung und welches Bild bietet die Wirksamkeit der gesammten Körperschaft dar? Wir denken am allerwenigsten daran, welchen Stand oder Beruf der betreffende Abgeordnete vertritt und ob er gesonnen und befähigt ist, unsere Standes- und Berufsinteressen zu wahren und zu pflegen. Die Hauptsache ist seine politische Gesinnung und ob er das Zeug dazu besitzt, seinen politischen Standpunkt und seine Anschauungen wirksam zur Geltung zu bringen. Nur seine Parteistellung, ob liberal, national, conservativ, clerical, freisinnig oder socialdemokratisch u. s. w. ist ausschlaggebend für seine Berufung und für die Vertretung unserer Interessen. Natürlich führt diese Vertretungsgestaltung zu schroffen Parteigegensätzen und zu der seltsamen Erscheinung, daß bei der Berathung die Parteifrage weit mehr in den Vordergrund tritt, als die wahren wirthschaftlichen Interessen. Wir hören namentlich bei den Budgetdebatten durch Wochen stundenlange Reden, manchmal auch sogen. Brandreden, die nichts weiter bezwecken, als den politischen Parteistandpunkt zu rechtfertigen und die Nichtigkeit der Bestrebungen der Gegenpartei nachzuweisen.

An dem Parteiwesen, an der Gruppirung der Volksvertreter nach liberalen, conservativen, nationalen, freisinnigen und socialdemokratischen, also nach idealistischen Grundsätzen, welche für die Volkswohlfahrt insofern einen zweifelhaften Werth haben, als nur Entfremdung, Zwietracht und Haß unter den Landes- oder Reichsbewohnern genährt werden, krankt gegenwärtig unsere Volksvertretung, und dadurch wird eine gesunde wirthschaftliche Entwicklung gehemmt. Der Jurist z. B. vertritt einen industriellen oder einen landwirthschaftlichen Wahlbezirk. Er hat gar kein Verständniß dafür, wo seine Wähler der Schuh drückt und in welcher Weise er deren Interessen fördern und pflegen soll. Die Hauptsache ist, daß er gut zu reden und den Gegenparteien in politischer Beziehung die Meinung zu sagen versteht. Sein eigenes Interesse läßt er natürlich nicht aus dem Auge. Es fehlt auch durchaus nicht an verzwickten und verclausulirten Gesetzen, sodaß der Advocatenstand reichlich Beschäftigung findet; weil wir uns nicht getrauen, uns in dem papiernen Rechte mit seinen Durchführungs- und Nachtragsverordnungen zurecht zu finden. Nur der Advocatenstand und der Großgrundbesitz, theilweise auch die Geistlichkeit können sich schmeicheln, im Parlamente eine wirkliche Vertretung zu finden; alle andern Stände sind ungleichmäßig und ungenügend oder gar nicht vertreten. Das nennt man Volksvertretung, welche für alle Schichten der Bevölkerung ein Verständniß und ein Herz haben soll.

Auch in anderen Vertretungskörpern finden wir ähnliche Erscheinungen. In Städten, wo zwei Nationalitäten vertreten sind, ist die in der Minderzahl befindliche Nationalität, mag ihre Zahl auch nach vielen Tausenden zählen, in der Verwaltung oft gar nicht vertreten. In Deutschland bieten in manchen Städten, wo Protestanten und Katholiken sich die Wage halten, die Wahlen oft das Bild eines reinen Religionskrieges. Kurz aus dem Wahlsystem nach Kreisen, bezw. Steuerclassen, geht hervor, daß überall das politische Parteiwesen wuchert und daß die industriellen und wirthschaftlichen Interessen, derentwegen wir eine Vertretung nach außen brauchen, nicht zur Geltung gelangen können.

In sonstigen Fällen, wo wir auf andere Menschen angewiesen sind, fragen wir nicht sehr darnach, ob der Arzt oder der Advocat, denen wir uns anvertrauen, ein Christ oder ein Jude ist, oder ob der Handwerker oder der Verkäufer von Bedarfsartikeln Katholik oder Protestant, ein Deutscher oder ein Tscheche ist; der deutsche Unternehmer nimmt Tschechen in seine Dienste und umgekehrt, je nachdem es, wie in den ersteren Fällen für die eigenen Interessen förderlich erscheint. So pflegen wir es bei der Verfolgung unserer Privatzwecke zu handhaben, und nicht anders sollte die Vertretung unserer Interessen im Großen gestaltet sein; denn durch den Liberalismus, Clericalismus, Socialismus u. s. w. kann unsere wahre Lebensaufgabe nicht gefördert werden.

Das Verlangen nach einer Interessenvertretung ist nicht neu, die Durchführung aber eine schwierige, wenn sowohl den Wohlfahrtsinteressen, als auch den nationalen und religiösen Rücksichten in rechtmäßiger Weise Rechnung getragen werden soll. Und doch ist die Durchführung in diesem Sinne auf Grund einer aufzustellenden genauen Statistik recht gut möglich. Ehe wir dieser Frage näher treten, muß jedoch das gegenwärtige Mißverhältniß, daß in manchen Staaten durch das allgemeine Wahlrecht die unteren Volksclassen die Oberherrschaft gewinnen können, denselben dagegen in anderen Staaten gar kein Wahlrecht zusteht, etwas näher beleuchtet werden. Das Wahlrecht darf wohl von der Erreichung eines bestimmten Lebensalters und vom makellosen Verhalten abhängig gemacht werden, nicht aber von der Leistung einer directen Steuer. Denn einerseits erheischen die vielfach geschilderten beklagenswerthen Lebensverhältnisse unbemittelter Kreise erst recht eine Vertretung, und anderseits ist es ganz gleichbedeutend, ob man die Steuer in Gestalt einer directen Abgabe oder als Zollgefälle oder Consumabgabe durch den Preis der Bedarfsartikel entrichtet. Widersinnig und ungerecht ist jedoch das allgemeine unbeschränkte Wahlrecht in dem Sinne, daß z. B. dem Großindustriellen eine Stimme und seinen 500 Arbeitern 500 Stimmen zustehen. Dieses Mißverhältniß hätte in Deutschland gewiß längst die Socialdemokratie zur Herrschaft gebracht, wenn die Diätenlosigkeit der Abgeordneten nicht ein wirksames Hinderniß bildete. Auf die Dauer lassen sich jedoch auch mit solchen künstlichen Mitteln die natürlichen Folgen des gleichen Wahlrechts nicht zurückhalten und ist es wahrlich an der Zeit, mit der Einführung der Interessenvertretung rechtmäßige Zustände zu schaffen.

Werfen wir einen Blick ins Weltgetriebe, so finden wir fast in allen Verhältnissen selbstständige, also befehlende, und abhängige oder gehorchende Menschen. Bisher waren vorwiegend den ersteren trotz ihrer Minderzahl die Geschicke anvertraut. Man suchte von der Volksvertretung die Elemente aus der dienenden Classe fernzuhalten, anstatt würdige, achtungswerthe und einsichtsvolle Angehörige dieser Classe zur Mitwirkung in den Vertretungskörpern heranzuziehen. Dadurch ist es dahin gekommen, daß in Staaten mit dem allgemeinen Wahlrecht die unteren Stände ihre eigenen Wege gingen, sich eine tiefe Kluft zwischen diesen und den besseren bürgerlichen Ständen bildete und die ersteren Ziele verfolgten, welche mit der Staatserhaltung und der staatlichen Ordnung nicht in Einklang zu bringen sind. Wir müssen also selbst Hand anlegen, um durch eine gerechte Wahlordnung auch den unteren Ständen oder der dienenden Classe zur einträchtigen Mitwirkung am öffentlichen Leben die Wege zu ebnen. Wir müssen eine Basis schaffen, daß kein Stand in der Vertretung seiner Interessen bevorzugt oder verkürzt wird. Wenn z. B. dem Grundbesitz in einem Parlamente 30 Stimmen eingeräumt werden, so muß den Bediensteten des Großgrundbesitzes die gleiche Stimmenzahl zuerkannt werden, jedoch in dem Sinne, daß Beamte und Arbeiter gesondert zu wählen haben. Das gleiche Verhältniß muß platzgreifen bei Kleingrundbesitzern und bei der Kleinindustrie, beim Großgewerbe und beim Kleingewerbe u. s. w.; natürlich auf Grund einer genauen Statistik nach den Standesverhältnissen.

Um ein Beispiel anzuführen, nehmen wir die Mitgliederzahl des österreichischen Parlaments mit 400 an und denken uns folgende Zusammensetzung:

Großgrundbesitz	30 Stimmen
deren Beamte, als: Ingenieure, Forst-, Oekonomie- und Bureaubeamte	10 "
deren Arbeiter	20 "
Kleingrundbesitz	25 "
deren Personal	25 "
Großindustrie	30 "
deren Beamte	10 "
deren Arbeiter	20 "
Klein-Industrie	15 "
deren Beamte	5 "
deren Arbeiter	10 "
Großgewerbe	20 "
deren Angestellte	10 "
deren Arbeiter	10 "
Kleingewerbe	15 "
deren Arbeiter	15 "
Baugewerbe	15 "
deren Beamte	5 "
deren Arbeiter	10 "
Militär: Officiere	10 "
Unterofficiere und wahlberechtigte Mannschaft .	10 "
Geistlichkeit: Katholische	10 "
Evangelische	5 "
Israelitische	5 "
	340 Stimmen

Transport	340	Stimmen
Lehrerschaft	10	„
Staatsbeamte		
von der unteren bis zur mittleren Rangclasse	10	„
von der mittleren bis zur höchsten Rangclasse	10	„
Aerzte	5	„
Juristen	10	„
Vertreter der Kunst und Wissenschaft	10	„
Journalisten	5	„
	400	Stimmen.

Selbstverständlich tritt bei dieser Vertretungsart an Stelle der Wahl nach Wahlkreisen die Wahl nach Interessengruppen. Wo es angeht, empfiehlt es sich, nach Maßgabe der statistischen Unterlagen die Zahl der zu wählenden Abgeordneten für jede Provinz festzustellen, also auch die Interessengruppen nach Provinzen zu organisiren.

Dieser Modus, welcher natürlich nach seiner Eintheilung und in seiner ziffermäßigen Darstellung nicht maßgebend sein kann, sondern nur das Wesen veranschaulichen soll, bietet den Vortheil, daß zwischen Dienstgebern und Dienstnehmern, zwischen Hoch und Niedrig das gleiche Recht gewahrt erscheint; daß ein Ueberwuchern staatsgefährlicher Elemente, wie beim gleichen Wahlrecht nach Wahlkreisen, absolut undenkbar ist und daß sowohl den religiösen als auch den nationalen Eigenthümlichkeiten Rechnung getragen werden kann; wenn die zu wählenden Vertreter z. B. in Böhmen und Mähren von Deutschen und Tschechen, in Galizien von Christen und Juden gesondert gewählt werden, wie es nach der Statistik gerechtfertigt erscheint. Ferner ist die Möglichkeit geboten, die Interessengruppen in ihr Wesen zu trennen, so daß z. B. die Textilindustrie, chemische Industrie, Eisenindustrie, Bergbau u. s. w. ebenfalls ihre Vertreter gesondert wählen können, je nachdem es die Bedeutung der einzelnen Zweige nach der Statistik ergiebt. Zur Wahrung und Pflege der Volksrechte müssen alle Kreise berufen sein, welche dem Staate angehören. Nationale und religiöse Gegen-

sätze und Reibereien sind theilweise eine Frucht der bisherigen
ungerechten Art der Vertretung des Gesammtvolkes; sie können
die sociale Reform erschweren, aber nicht aufhalten, wenn durch
eine gesunde Verwaltung die Schäden in der menschlichen Ge=
sellschaft zur Heilung gebracht werden.

---

17. Schlußwort.

Es wäre eine thörichte Einbildung, wenn wir glauben
wollten, daß mit der Socialreform im Sinne dieser Broschüre
den radicalen Elementen der Socialdemokratie eine befriedigende
Lösung geboten werde. Demjenigen, welcher Recht und Besse=
rung auf unrechten Wegen sucht, für eigenes Verschulden und
Mißgeschick Andere verantwortlich machen möchte, und seine An=
sprüche nur darauf gründet, daß es Anderen besser als ihm er=
geht, dem kann überhaupt im Sinne seiner Wünsche nicht ge=
holfen werden. Was wir mit dem Reformwerke erreichen
können, das ist eine gesunde Weltordnung; eine Weltordnung,
welche zugleich geeignet ist, die besonneren Elemente der so=
cialistischen Kreise von den Widersachern natürlicher und geord=
neter Verhältnisse zu trennen und den letzteren für ihre hirn= und
gewissenlosen Ziele den Boden unter den Füßen wegzuziehen;
indem wir der Welt zeigen, daß gegen Noth und Elend vor=
gesorgt, die Entwicklung der Menschen nicht durch materielle
Ungleichheiten gehemmt ist und überhaupt den Menschenrechten
nach Menschenpflicht eine allgemeine und gebührende Würdigung
und Sorge zugewendet wird. Nur in der letzteren d. h. in der
Zusammenwirkung aller Mittel ist vielleicht der Werth oder die
Neuheit der dargelegten Socialbestrebungen zu erblicken. Es
liegt dem Verfasser fern, für sich das Verdienst der Anregung
der Reformeinzelheiten nach der einen oder anderen Richtung
in Anspruch nehmen zu wollen; der eine hat dieses, der andere
jenes früher zum Ausdrucke gebracht; meistens ist dieses jedoch
in einer einseitigen Gestalt geschehen; wie man ja heutzutage

oft genug hört, daß nur in der Religion oder nur in der Charakter- und Gemüthspflege u. s. w. das wahre Heil zu finden sei.

Vielleicht würden wir mit der Zeit durch allmählige Erprobung oder Anwendung aller von anderen Seiten empfohlenen Mittel schrittweise zum gleichen Ziele gelangen. Darin und in der international-ungleichen Durchführung liegt jedoch eine große Gefahr. Das Maß der Unzufriedenheit ist bis zum Ueberlaufen gefüllt, und dieses Maß wird überlaufen, wenn wir nicht alle Schlacken bald gründlich und gleichzeitig daraus entfernen.

Vielen Lesern dürften mannigfache Darstellungen als übertrieben oder nicht zutreffend erscheinen, weil diese oder jene Verhältnisse in der geschilderten Art in manchen Gegenden und Ländern überhaupt nicht oder nicht in auffallender und bemerkbarer Weise vorwalten. Das muß zugegeben werden. Es giebt fortschrittlich gestaltete Zustände, aber man braucht nicht bis ans Ende der Welt zu gehen, um sich von dem Vorhandensein der Schilderungen zu überzeugen, sondern man findet für dieselben auch in Culturstaaten die volle Bestätigung.

Was die Menschen trennt und gegenseitig entfremdet oder verfeindet, beruht zum großen Theile auf Fehlern unsererseits; nur deren Anerkennung und Behebung vermag versöhnend und ausgleichend zu wirken: darum Hand ans Werk!

> Nicht Stand noch Wissen darf uns trennen;
> Nicht Hab und Gut ist's, was uns ehrt:
> Willst du des andern Werth erkennen,
> Frag nur, was ist als Mensch er werth.

Druck von Greßner & Schramm in Leipzig.